김서형의 빅히스토리

Fe연대기

김서형의
빅히스토리
BIG HISTORY

Fe 연대기

동아시아

Big History is a wonderful new way of understanding our place in the Universe, and Seohyung Kim is one of the most knowledgeable Korean scholars of Big History. This book surveys the history of the Universe, life and human beings by studying one of the most important of all elements, Iron, an element that plays a fundamental role both in the life of stars and in the life of modern human studies.

_David Christian (Macquarie University)

빅히스토리는 우주에서 우리의 위치를 이해할 수 있는 놀랍고도 새로운 방식이다. 김서형 박사는 빅히스토리를 가장 많이 알고 있는 한국 학자 가운데 한 사람이다. 이 책은 가장 중요한 원소 가운데 하나로서 별의 일생과 현대 인류의 일생에 대한 연구에서 핵심적인 역할을 담당하는 철을 통해 우주와 생명, 그리고 인류의 역사를 조망한다.

_데이비드 크리스천 (맥쿼리대학교)

Seohyung Kim has been a pioneer teacher of Big History in Korea. Now she has written an overview of Big History based on what is called a 'Little Big History' — tracing the element iron from its origins in star explosions to the present. This will be a most welcome addition to the growing literature of big history throughout the world.

_Cynthia Stokes Brown (Dominican University of California)

김서형 박사는 한국에서 빅히스토리를 가르치는 데 선구적인 역할을 해왔다. 이제 그녀는 별의 폭발에서 나타났던 기원에서부터 오늘날에 이르기까지 철이라는 원소의 발자취를 찾아 '리틀 빅히스토리'라고 부르는 방식을 토대로 빅히스토리의 개관을 서술한다. 전 세계적으로 가장 환영받는 빅히스토리 책이 될 것이다.

_신시아 브라운 (도미니컨대학교)

'빅히스토리'란 무엇인가?

유난히 별을 사랑했던 화가가 있었습니다. 그는 사람이 죽으면 반짝이는 별이 된다고 굳게 믿었습니다. 그런 이유에서인지 그의 그림에는 별이 자주 등장합니다. 노란색과 짙은 푸른색을 사용해 여러 장의 별 그림을 그렸던 이 화가, 바로 빈센트 반 고흐입니다. 그가 그린 대표적인 별 그림 가운데 하나가 프랑스 오르세 미술관에 전시되어 있는 〈아를의 별이 빛나는 밤〉입니다. 이 그림에는 여러 종류의 빛이 등장합니다. 하늘에 반짝이는 별과 마을을 비추는 전기 불빛, 그리고 어두운 강에 비치는 빛이 바로 그것들입니다.

하지만 우리는 이 그림에서 빛 이외에 또 다른 소재들도 발견

고흐, 〈아를의 별이 빛나는 밤〉

할 수 있습니다. 고흐는 밤하늘에 빛나는 별뿐만 아니라 크고 깊은 강과 강 주변을 따라 형성된 인간 마을, 그리고 마치 부부처럼 보이는 사람들을 화폭에 담아두었습니다. 그런데 이와 같은 소재들은 '기원origin'이라는 키워드로 서로 연결될 수 있습니다. 기원이란 사물이 처음 생기게 된 근원을 의미하는데, 인간을 포함해 세상의 모든 것들이 그 기원을 가지고 있습니다. 고흐가 그림에서 보여주고 있는 별과 물 그리고 인간 역시 마찬가지입니다. 별은 모든 것이 만들어진 근원이고, 물은 생명체가 탄생한 요람입니다. 그리고 이와 같은 환경 속에서 인간이 등장한 것입니다. 이러한 점에서 고흐의 그림은 '세상의 기원'을 보여주는 그림이라고 할 수 있습니다.

과거에는 지역마다 서로 다른 방식으로 우주와 세상, 생명, 인간의 기원을 설명했습니다. 예를 들어, 이집트에서는 태초에 혼돈이 가득한 물만이 존재하다가 아툼이라는 창조신이 등장하면서 하늘과 땅이 만들어졌다는 신화가 존재합니다. 서남아프리카 원주민들은 생명의 나무에서 소가 탄생했고, 땅의 구멍에서 산양이 탄생했다고 믿었습니다. 그리고 애리조나에 살고 있던 아메리카 원주민들 사이에서는 신이 물밖에 없던 세상에 진흙으로 새와 다른 동물들, 그리고 인간을 만들었다는 이야기가 전해 내려옵니다. 과학이 발달한 오늘날에는 이와 같은 신화나 전설을 그대로 믿는 사람이 거의 없습니다. 하지만 인간과 주변의 모든 것들이 어떻게 생겨났는지 이해하고 이를 설명하려는 노력이 아주 오래전부터 존재해왔던 것은 사실입니다.

오늘날 우리는 138억 년 전에 나타났던 빅뱅Big Bang으로 우주가 시작되고, 45억 년 전에 가스와 먼지와 무거운 원소들이 결합해서 지구가 형성되었다는 사실을 잘 알고 있습니다. 그뿐만 아니라 35억 년 전쯤에는 최초의 생명체가 탄생했고, 이후 지구환경 변화에 적응하면서 진화해왔다는 사실도 잘 알고 있습니다. 우리가 이와 같이 세상 모든 것의 기원에 대해 보다 정확하게 설명할 수 있는 것은 바로 수많은 과학적 정보와 지식들이 축적되었기 때문입니다. 19세기 말 이후 학문이 세분·전문화된 것과 더불어, 특정 학문 분야가 더욱 자세하게 분석되고 연구되어온 결과라고 할 수 있습니다. 그러나 동시에 여러 학문 간의 소통과 공존이 단절되기도 하였습니다.

다시 고흐의 〈아를의 별이 빛나는 밤〉으로 돌아가보겠습니다. 고흐의 그림에 등장하는 별은 오늘날 우리 주변의 모든 것들이 만들어진 근원입니다. 별에서는 세상에 존재하는 모든 것들을 만드는 재료, 원소가 만들어지기 때문입니다. 그리고 여러 가지 원소들이 다양한 방식으로 결합하면서 세상의 모든 것을 형성했습니다. 물 역시 마찬가지입니다. 아직까지 논란이 있긴 하지만, 오늘날 대부분의 과학자들은 물이 생명 탄생에 매우 중요한 조건 가운데 하나라는 점에 동의하고 있습니다. 물속에서 여러 원소들이 결합하면서 최초의 생명체가 탄생했고 환경 변화에 적응하면서 수많은 종들이 탄생하고 멸종했으며, 궁극적으로는 인간의 출현과 진화로까지 이어졌습니다. 이러한 관점에서 본다면, 고흐가 아름다운 색채로 캔버스에 담았던 별과 물 그리고 인간이 사실 아주 밀접하게 연결되어 있다는 것을 알 수 있습니다.

'빅히스토리Big History'는 지금까지 인간만을 역사적 분석 대상으로 삼았던 시각과 관점을 넘어, 생명과 우주로까지 대상을 확대시키려는 새로운 시도입니다. 인간뿐만 아니라 생명과 우주 역시 기원과 역사를 가지고 있기 때문입니다. 지금까지의 역사학은 인간 사회에서 발생했던 수많은 복잡한 현상들을 분석하고, 이런 현상들이 지니는 의미를 규명해왔습니다. 반면에 빅히스토리는 분석 대상의 시간·공간적 규모를 138억 년 전의 우주와 미래로까지 확대시켜서, 보다 광범위한 컨텍스트context 속에서 우주와 생명과 인간을 분석하고자 하는 것입니다. 이를 위해서는 우선 지금까지 전문적이고 독자적으로 발전해온 여러 학문들이 서로 소통하고 공존해야 하며, 이들의 상호 관련성을 살펴보고자 하는 노력이 절실히 필요합니다. 결국 빅히스토리는 다양한 학문적 시각과 관점을 토대로 세상 모든 것의 기원과 그로 인해 발생하는 변화들을 살펴보고자 하는 시도이자 노력이라 할 수 있겠습니다.

즉, 빅히스토리는 우리에게 138억 년의 우주와 더 나아가 미래를 보여주는 '세상에서 가장 큰 퍼즐판'인 것입니다. 퍼즐을 완성하기 위해서는 개별적인 퍼즐 조각들을 잘 찾고 잘 맞추는 것도 필요하지만, 전체적인 그림을 상상하면서 조각들을 서로 연결하는 것 또한 매우 중요합니다. 빅히스토리라는 거대한 퍼즐판 위에서는 지금까지 독자적으로 연구되어왔던 학문적 성과들이 서로 연결되어 있다는 사실을 확인할 수 있습니다.

빅히스토리의 관점은 태양계에서 유일하게 생명체가 존재하고 생존하는 '지구'라는 행성에서 전 인류가 함께 공존하고 번영할 길을 모색하는 데 꼭 필요합니다. 더 나아가 인간중심적 사고를 넘어, 세상을 구성하고 있는 다양한 사물 및 생명체들과 공존하고 공생할 방법을 모색하는 데에도 중요한 토대를 제공해줄 수 있습니다. 다양한 층위와 규모의 과거를 토대로 인류와 지구 그리고 우주의 미래를 준비하기 위한 새로운 디딤돌인 것입니다.

CONTENTS

BIG HISTORY

제1부

빅뱅에서 우주정거장까지,
철의 연대기

CHRONICLE OF IRON

1.
철의
우주여행

가을철 남쪽 밤하늘에서 볼 수 있는 별자리 가운데 하나가 고래자리(케투스Cetus)입니다. 그리스 신화에 따르면 에티오피아 왕비였던 카시오페이아는 자신이 바다의 정령보다 훨씬 아름답다고 자랑했다고 합니다. 그녀의 오만함과 허영심에 분노한 바다의 신 포세이돈은 케투스라는 고래를 보내 에티오피아 해안을 습격했고, 그녀의 딸인 안드로메다를 제물로 바치도록 했습니다. 이때 얼굴을 보기만 해도 돌로 변해버리는 괴물인 메두사의 목을 베고 돌아가던 영웅 페르세우스가 이 장면을 목격했습니다. 그는 케투스를 물리치고 안드로메다를 구했고, 고래는 하늘로 올라가 별자리가 되었습니다.

이러한 전설을 가지고 있는 고래자리는 근대과학의 발전에서 매우 중요한 의미를 지닙니다. 1592년에 고래자리에서 '객성'이 나타났는데, 16세기 말까지 세계를 지배했던 우주관이 이 이후로 급격하게 변화했기 때문입니다. 객성은 일정한 위치에 있지 않고 일시적으로 나타났다가 사라지는 별을 의미합니다. 그래서 우리나라에서는 객성을 '손님별'이라고 부르기도 했습니다. 오늘날 천문학자들은 객성을 변광성variable star이라고 부르는데, 시간에 따라 밝기가 변하는 별이라는 뜻입니다. 일반적으로 팽창이나 수축을 반복하는 거성 또는 초거성에 해당하는 '맥동변광성'과, 초신성supernova과 같은 '폭발변광성'으로 구분할 수 있습니다. 결국 객성은 거성이나 초거성, 또는 초신성을 의미하는 것입니다.

우리나라의 여러 문헌들에는 객성에 대한 기록이 빈번하게 등장합니다. 조선 태조부터 철종까지 472년간의 역사를 기술한 『조선왕조실록』 역시 마찬가지입니다. 태조 7년인 1398년 11월 28일에 "객성이 달을 범했다"라는 기록을 비롯해 『조선왕조실록』에는 총 399개의 객성 기록이 등장합니다. 객성에 대한 기록이 가장 많이 등장하는 것은 바로 「선조실록」입니다. 「선조실록」에 등장하는 객성 기록은 모두 323개인데, 이 중 185개는 선조 25년인 1592년에 나타났던 객성에 대한 기록이고, 나머지 138개는 선조 37년인 1604년에 나타났던 객성에 대한 것입니다. 주로 객성이 나타난 시간, 위치, 크기, 모양, 색상 등에 대해 자세하게 기록하고 있습니다.

거의 2,000년 동안 사람들은 별을 '항성'이라고 불렀습니다. 별의 위치나 밝기가 변하지 않는다고 믿었기 때문입니다. 고대 이집트 천문학자인 프톨레마이오스는 항성들이 박혀 있는 천구가 완벽한 궤도를 따라 지구 주변을 움직인다고 주장했으며, 그리스 철학자인 아리스토텔레스 역시 항성이 위치한 천상계는 영원히 불변한다고 믿었습니다. 하지만 객성의 등장과 이에 대한 지속적인 관찰 및 기록을 통해 과학자들은 이와 같은 믿음에 의문을 제기하기 시작했습니다.

선조 25년인 1592년에 나타났던 객성은 바로 최초로 발견된 맥동변광성, 미라별입니다. 미라별의 정식 명칭은 '오 세티'로, 고래자리에서 열다섯 번째로 밝은 별이라는 뜻입니다. 일반적으로 1596년에 독일 목사인 파브리치우스가 발견한 것으로 알려져 있습니다. 그는 망원경을 사용해 여러 달에 걸쳐 별을 관측하다가 놀라운 사실을 발견했습니다. 지금까지 밝기가 변하지 않는다고 믿었던 별이 점차 어두워지면서 하늘에서 보이지 않았다가, 다시 보이면서는 점점 더 밝아졌던 것입니다. 이와 같이 별의 크기가 커지면 온도가 내려가면서 어두워지고, 반대로 별의 크기가 작아지면 온도가 올라가면서 밝아지는 별을 맥동변광성이라고 부릅니다.

사실 미라별을 최초로 관측한 것은 파브리치우스가 아니었습니다. 이미 「선조실록」은 선조 25년 10월 20일에 "초경에 객성이 천창성에 나타났다"라는 기록을 시작으로 1592년부터 거의 2년 동안이나 객성이 나타난 방향과 크기 등에 대해 자세히 기록

했기 때문입니다. 이때 미라별을 관측하고 기록했던 사람들은
바로 측후관들이었습니다. 이들은 천문학이나 지리학, 책력 등
과 관련된 사무를 맡아보던 관청인 관상감에 속했는데, 주로 별
자리에 이상이 있거나 객성이 나타나면 이를 관측하고 기록하
는 임시 벼슬이었습니다. 그런데 알고 보니 측후관이야말로 관
찰을 통해 새로운 우주관을 제시한 주역이었던 것입니다.

　선조 37년 9월 21일, 『조선왕조실록』에는 다음과 같은 기록
이 등장합니다.

초경에 객성이 미수尾宿 10도의 위치에 있었는데, 북극성과는 110도의 위치였다. 형체는 세성歲星보다 작고 황적색이었으며 동요하였다.

1604년에 관찰된 이 객성은 폭발변광성인 '초신성'입니다. 초신성은 별이 폭발하면서 100만 배 이상 밝아지는 현상을 의미하는데, 주로 태양보다 10배 이상 무겁고 큰 별에서 나타납니다. 1934년에 미국 천문학자인 프리츠 츠비키가 '무거운 별이 붕괴할 때, 내부 밀도가 높고 더 이상 핵융합반응이 일어나지 않는 중성자별이 만들어진다'라는 연구 결과를 발표하면서 초신성이라는 용어를 처음 사용했습니다.

이 1604년의 초신성은 '케플러 초신성'이라 불리기도 합니다. 유명한 독일 천문학자 요하네스 케플러가 1년 이상 초신성에 대해 연구한 결과를 『뱀주인자리의 발 부분에 있는 신성』이라는 저서를 통해 발표했기 때문입니다. 그러나 「선조실록」은 케플러가 관측을 시작한 1604년 10월 17일보다 나흘 앞선 10월 13일부터 이 객성에 대해 기록하기 시작했습니다. 게다가 객성의 위치나 크기, 색상 등을 상세하게 기록함으로써 오늘날 초신성을 연구하는 데 케플러 연구의 부족한 부분을 보완하면서 중요한 정

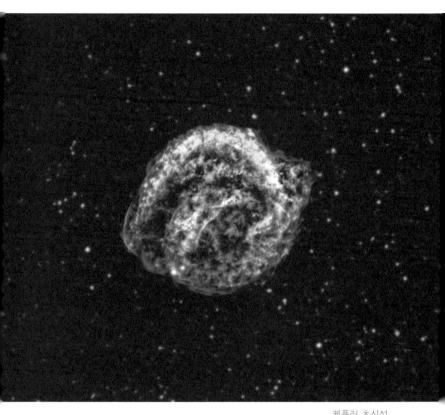

케플러 초신성

보를 제공하고 있습니다. 이러한 점에서 『조선왕조실록』에 나타난 맥동변광성과 초신성 기록은 새로운 우주관의 변화를 야기하고, 근대과학의 시대가 시작될 수 있는 기본적인 토대를 마련하는 데 중요한 역할을 담당했다고 할 수 있습니다.

✝

오늘날 다양한 관측을 통해 우리는 우주가 138억 년 전에 탄생한 이후 매우 균일했다는 사실을 알고 있습니다. 그러나 시간이 지나면서 우주에서는 수천 분의 1도라는 아주 미세한 온도 차이가 발생했고, 그 결과로 우주의 어떤 부분은 다른 부분보다 약간 더 뜨거워졌습니다. 2001년 미국항공우주국NASA에서는 윌킨슨 마이크로파 비등방성 탐색기, WMAP을 쏘아 올렸고 이후 10년 동안 우주의 온도를 측정했습니다. 이 탐색기에서 촬영한 우주배경복사cosmic background radiation, CBR를 통해 실제로 우주의 온도 차를 확인할 수 있었습니다. 다른 부분보다 조금 더 뜨거운 부분에 중력의 힘이 좀 더 많이 작용하면서 물질들이 모이기 시작했고, 그 결과 이전에는 전혀 나타나지 않았던 새로운 것이 탄생했습니다. 바로 '별'입니다.

별의 탄생은 우주에 엄청난 변화를 야기했습니다. 별이 탄생하기 이전의 우주는 차갑고 어두운 암흑이었지만, 별이 탄생한 이후로는 점점 더 밝아졌습니다. 별의 중심에는 매우 높은 온도의 양성자가 존재하는데, 이들은 서로 융합해서 헬륨(He) 핵을 형성합니다. 이때 발생하는 빛이 우주 공간으로 확산되면서 우주가 밝아지는 것입니다. 크기와 질량에 따라 별은 서로 다른 원소들을 사용해 빛을 냅니다. 예를 들어, 질량이 작은 별은 수소(H)를 사용하여 빛을 내고 질량이 큰 별은 수소보다 무거운 원소를 사용해 빛을 냅니다. 그리고 별이 빛을 내기 위해 가장 마지막으로 사용하는 원소가 바로 철(Fe)입니다. 26개의 양성자를 가지고 있는 철을 만들기 위해 핵융합이 발생하려면 온도가 30억 도이상 되어야 합니다. 이후 별의 중심이 철로 가득해지면 더 이상 핵융합이 진행되지 않고 붕괴하면서 폭발하는데, 이것이 바로 초신성입니다. 그리고 이때 철보다 무거운 원소들이 한꺼번에 만들어집니다.

'우주 전체에 원소들이 퍼지는 현상'에 대한 기록은 『조선왕조실록』에 자세히 묘사된 1604년의 초신성에만 국한되지 않습니다. 최초의 초신성 기록은 기원전 185년으로까지 거슬러 올라가기도 합니다. 중국의 전한 시대에는 갑자기 나타나 8개월 동안 관측된 객성에 대한 기록이 존재합니다. 근대과학이 발전하기 이전 시기에 갑자기 나타났던 초신성들은 기존의 우주관이나 천문학적 질서에 어긋나는 현상으로 간주되었습니다. 따라서 아프로-유라시아[●]의 여러 지역들에서 초신성은 반란이나 전쟁, 전염병 등과 같은 사회적 동요나 변화를 야기하는 전조로 이해되곤 했습니다. 초신성에 대한 이와 같은 해석은 1054년에도 마찬가지였습니다. 당시 이슬람 의사였던 이븐 부틀란은 1054년에 갑자기 나타난 초신성에 대해 기록했는데, 그해 가을 콘스탄티노플에서는 약 1만 4,000명의 사망자가 발생했고 전염병이 창궐했다고 합니다.

1054년에 나타났던 초신성은 전 지구적으로 관측되었습니다. 1955년 애리조나 북쪽 지역인 화이트 메사와 나바호 협곡에서 초승달과 별을 그린 두 개의 동굴 벽화가 발견되었습니다. 팔로마 관측대의 사진작가였던 윌리엄 밀러는 이 벽화가 1054년에 초신성이 나타났을 때 아메리카 원주민인 아나사지족이 동쪽 하늘을 관측하고 그린 것이라고 주장했습니다. 이와 같은 밀러의 주장을 토대로, 천문학자들은 벽화의 초승달을 이용해 초신성이 1054년 7월 5일 즈음에 나타났다는 사실을 밝혀냈습니다. 이뿐만 아니라 우주 팽창의 증거를 발견했던 에드윈 허블 역

● 아프로-유라시아(Afro-Eurasia)는 아프리카, 유럽, 아시아를 아울러 부르는 말입니다.

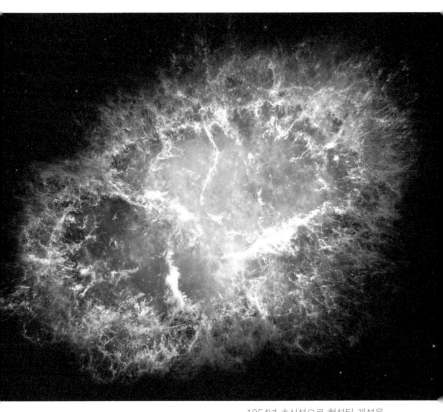

1054년 초신성으로 형성된 게성운

시, 1928년에 황소자리에 위치한 게성운의 크기가 점점 커지는 것을 관찰하면서 1054년의 초신성 잔해로 게성운이 형성되었다고 주장하기도 했습니다.

역사적으로 기록된 또 다른 초신성으로는 1572년의 초신성을 들 수 있습니다. 이 초신성을 관측했던 사람은 별자리의 아버지인 티코 브라헤였습니다. 그는 1572년 11월에 카시오페이아자리에 금성보다 더 밝은 초신성이 갑자기 나타난 것을 발견하고 이를 지속적으로 관찰했습니다. 그리고 2,000년 이상 유럽을 지배했던 아리스토텔레스의 우주관에 의문을 제기했습니다. 그런데 사실 티코 브라헤는 맨눈으로 천체를 관측한 마지막 천문학자였습니다. 1609년에 이탈리아의 물리학자이자 천문학자였던 갈릴레오 갈릴레이가 망원경을 발명하면서, 이후 천문학자들은 망원경을 통해 천체를 보다 자세하게 관측하게 되었기 때문입니다. 즉, 「선조실록」에 자세하게 기록된 1604년의 초신성은 인간의 육안으로 관측된 마지막 초신성인 셈입니다.

오늘날 우리는 망원경을 통해 훨씬 이전에 나타났던 초신성까지도 관측할 수 있습니다. 가장 최근에 관측된 초신성은 약 200만 년 전에 나타났던 것으로서, 독일 뮌헨대학교 천체물리학 연구팀이 해저의 미생물 화석에서 이 초신성의 폭발 흔적을 발견했습니다. 기원전 330만 년 전부터 170만 년 전 사이에 형성된 퇴적층을 찾아 자성 박테리아Magnetotactic Bacteria 화석을 발굴한 것입니다. 자성 박테리아는 초신성 폭발로 바다나 호수에 녹아든 철을 체내에 흡수합니다. 그 결과, 수십 나노미터 크기의 매우 작은 자철석 결정을 체내에 가지고 있으면서 지구와 지구 주변에 나타나는 자성을 감지할 수 있습니다. 연구팀은 여기에서 철의 동위원소인 '철-60(^{60}Fe)'을 발견했습니다.

'철-60'의 발견은 초신성 폭발로 철이 우주 전체로 확산되었음을 보여주는 증거입니다. '철-60'은 지구에서 자연적으로 발생하지 않고 오직 초신성 폭발에 의해서만 발생하기 때문입니다. 220만 년 전부터 지구로 쏟아진 '철-60'은 170만 년 전까지 지구에 지속적으로 축적되었습니다. 자성 박테리아 화석을 연구한 과학자들은 이 시기에 발생했던 초신성 폭발이 켄타우루스자리에서 발생한 것으로 추측하고 있습니다. 켄타우루스자리는 늦봄부터 초여름 사이에 남쪽 하늘에서 보이는 별자리로서, 4.3광년의 거리에 위치한 알파α별은 태양을 제외하면 지구에서 가장 가까운 별입니다. 즉, 태양계에서 비교적 가까운 곳에서 초신성이 폭발하면서 지구에 철과 '철-60'이 유입된 것을 알 수 있습니다. 그리고 이렇게 유입된 철은 다른 원소들과 함께 '지구'라는 행성과 세상에 존재하는 모든 것을 만드는 데 중요한 재료로 활용되었습니다.

최초의 별이 탄생한 이후 우주에는 수소와 헬륨만 존재했습니다. 이 원소들은 아직도 우주에 존재하는 원소들의 98퍼센트를 차지하고 있습니다. 핵융합을 통해 별은 수소와 헬륨, 그리고 마지막으로 철을 사용하면서 점점 더 커지고 밝아집니다. 그리고 어느 순간 폭발합니다. 하지만 별에게 이와 같은 폭발은 결코 죽음이 아닙니다. 1592년 조선에서 처음 발견하고 관측했던 맥동변광성인 미라별처럼 별의 크기가 줄어들고 더 이상 빛을 내지 못하더라도, 심지어 1604년에 관측된 초신성처럼 폭발해버리더라도 별은 결코 사라지지 않습니다. 별을 구성했던 수소, 헬륨, 철과 같은 다양한 원소들이 우주 전체로 흩어졌다가 시간이 지나면 다시 뭉쳐 새로운 별을 만들기 때문입니다. 이것이 바로 '별의 일생'입니다.

따라서 별의 죽음은 끝이 아니라 오히려 새로운 탄생입니다. 138억 년이라는 우주의 역사에서 초신성이 중요한 이유는 이를 통해 다양한 원소들이 만들어졌기 때문입니다. 초신성 폭발 때문에 별에서 만들어진 원소들과 이후 만들어진 원소들은 우주 전체로 흩어졌습니다. 그리고 오늘날 우주에서 2퍼센트밖에 되지 않는 원소들이 다양한 방식으로 서로 결합하면서 세상 모든 것들이 만들어졌습니다. 이전에 발생하지 않았던 새로운 현상과 변화들이 우주에서 나타난 것입니다. 이러한 점에서 초신성 폭발은 17세기의 새로운 우주관을 제시했다는 인류사적 의미뿐만 아니라 우주와 태양계, 지구에서 새롭고 더욱 복잡한 것이 만들어질 수 있도록 했다는 우주사적 의미를 함께 지닙니다.

2.
골디락스* 행성
지구

1867년에 미국에서는 '수어드의 아이스박스Seward's icebox'라는 농담과 조롱이 만연했습니다. 당시 국무장관이었던 윌리엄 수어드가 러시아로부터 알래스카를 사들였기 때문입니다. 많은 사람들은 그가 혹한이 난무하는 알래스카처럼 쓸모없는 '냉장고'에 720만 달러를 퍼붓는다고 비난했습니다. 알래스카를 매각한 러시아인들조차 그를 비웃었었습니다. 하지만 19세기 말, 알래스카에서 금광이 발견되었습니다. 그리고 20세기 중반에는 유전이 발견되어 미국은 현재 석유 매장량 세계 3위의 국가가 되었습니다. 역사의 아이러니가 아닐 수 없습니다.

북위 60도에서 70도 사이에 위치한 알래스카에는 여러 원주민들이 살고 있습니다. 이들 가운데 유픽족은 지금으로부터 약 2만 년에서 1만 년 전에 아프로-유라시아에서 아메리카로 이주했던 호모 사피엔스*Homo sapiens*의 후손입니다. 약 20만 년 전에 아프리카에서 출현했던 호모 사피엔스는 전 지구적인 이동을 시작했습니다. 이들은 마지막 빙하기 동안 얼어붙은 베링해협을 건너 아메리카로 이주했는데, 오늘날보다 해수면이 100미터 이상 낮았기 때문에 가능한 일이었습니다. 그리고 이들 가운데 일부 사람들이 오늘날 알래스카 지역에 정착했습니다.

호모 사피엔스의 전 지구적 이동이나 미국의 서부 팽창 이외

● 골디락스(Goldilocks)는 영국 전래동화 『골디락스와 곰 세 마리』에 등장하는 주인공 소녀의 이름입니다. 이 이야기에서 골디락스는 너무 차갑지도 뜨겁지도 않은 딱 알맞은 온도의 스프를 먹고, 너무 크지도 작지도 않은 알맞은 크기의 침대에서 잠을 잘 수 있었다고 합니다. 이렇게 자신에게 필요한 것을 얻게 된 이야기로부터 '이상적인 상황'을 지칭하는 용어 골디락스가 탄생했습니다. 처음에는 주로 경제학에서 사용되었지만, 이후 다른 학문들에서도 이를 사용하기 시작했습니다. 빅히스토리에서는 빅뱅, 별의 탄생, 지구의 등장, 생명의 기원, 인류의 출현과 진화 등 이전에는 존재하지 않았던 새로운 현상이 나타나기 위해 필요한 딱 알맞은(just right) 조건이나 상태를 이야기할 때 골디락스라는 용어를 씁니다.

에도 사람들이 알래스카에 관심을 가지는 또 다른 이유는 바로 '오로라' 때문입니다. 새벽을 뜻하는 라틴어인 오로라는 형형색색의 빛이 하늘에서 발광하는 현상을 의미합니다. 로마 신화에 등장하는 오로라 여신으로부터 기인한 이름인데, 날개 달린 말이 끄는 황금 마차를 타고 신과 인간에게 빛을 가져다주는 새벽의 여신이라고 합니다. 오로라는 북위 60도에서 80도 사이의 '오로라대'에서 자주 발생하는데, 알래스카가 바로 이 오로라대에 속한 지역입니다. 오로라는 인간의 힘으로는 도저히 흉내조차 낼 수 없는 현상이기 때문에 오랫동안 알래스카 원주민들은 오로라가 방황하는 여행자들을 최종 목적지까지 안내하고 이들을 보호해준다고 믿었습니다. 그리고 알래스카를 '오로라와 전설의 땅'이라고 불렀습니다.

이와 같이 전설적이고 초자연적인 현상처럼 보이는 오로라는 사실 태양과 지구의 상호작용입니다. 우리가 가장 잘 알고 있는 별인 태양은 표면과 대기로 구성되어 있습니다. 눈으로 관찰할 수 있는 태양의 표면인 광구photosphere는 약 100킬로미터 두께의 가스로 구성되어 있으며, 여기에서 복사열이 발생합니다. 지구에 살고 있는 수많은 생명체들이 생존할 수 있는 에너지의 근원입니다. 광구를 둘러싸고 있는 대기는 크게 하층인 채층chromo-

알래스카의 오로라

sphere, 彩層과 상층인 코로나corona, 그리고 이 두 층을 분리하는 전이 영역으로 구분할 수 있습니다. 이 중에 '채층'이라는 이름은 개기일식 때 달에 가려진 태양 주변이 핑크색 테두리처럼 보이기 때문에 붙여진 것이라고 합니다.

코로나의 온도는 약 100만 켈빈(K, 절대온도)으로 매우 뜨겁기 때문에 음전하를 가진 전자와 양전하를 가진 양성자가 분리되어 있는 플라스마 상태입니다. 일반적으로 플라스마 상태에서 수소나 헬륨처럼 가벼운 원소들은 전자를 모두 잃어버립니다. 하지만 철이나 칼슘처럼 무거운 원소들은 전자를 가질 수 있습니다. 26개의 전자를 가지고 있는 철의 경우 13개의 전자를 남기고 13개의 전자가 떨어지면서 이온화되어 녹색선을 방출합니다. 코로나에서 발생하는 빛은 이온화된 무거운 원소들이 내는 빛인 것입니다. 이처럼 코로나에서 플라스마 상태로 존재하는 전자나 양성자는 태양풍을 통해 밖으로 방출됩니다. 방출된 양성자나 전자의 일부가 지구자기장 때문에 대기로 진입하게 되는데, 이때 대기 중의 공기와 반응하면서 빛을 내는 현상이 바로 오로라입니다.

아름답고 경이로운 현상인 오로라를 발생시키는 태양풍은 흑점과 밀접한 관련성을 지닙니다. 흑점은 태양의 표면인 광구에서 강한 자기장이 발생했을 때 주변보다 온도가 낮아 어둡게 보이는 현상을 의미합니다. 흑점의 관찰은 17세기부터 시작되었습니다. 앞서 언급했듯이 갈릴레이는 1609년에 멀리 있는 물체를 확대시켜 볼 수 있는 망원경을 발명했습니다. 그가 이 망원경으로 목성의 둘레를 공전하는 위성들을 발견했다는 것은 널리 알려진 사실입니다. 그런데 갈릴레이가 망원경으로 발견한 것은 이뿐만이 아니었습니다. 1613년에는 태양의 흑점을 발견했고, 동쪽에서 서쪽으로 움직이는 흑점을 관측하며 지도를 그렸습니다. 그리고 흑점이 약 11년을 주기로 발생한다는 것도 발견했습니다.

태양의 흑점은 지구에 심각한 영향을 미칩니다. 태양풍으로 인해 전자파와 방사선이 방출되고 '코로나 질량 방출Coronal Mass Ejection,CME'이 일어나는데, 흑점이 많아지면 코로나 질량 방출 역시 증가합니다. 코로나 질량 방출에는 전자와 양성자를 비롯해 헬륨, 산소(O), 철 등의 원소도 포함되어 있으며, 이로 인해 지구자기장이 일시적으로 불규칙하게 변합니다. 천문학자들이 '자기폭풍'이라고 부르는 이와 같은 현상이 바로 오로라 때문에 발견되었습니다. 1741년에 스웨덴 천문학자인 안데르스 셀시우스가 오로라가 발생하면 지구자기장이 변한다는 사실을 밝혀

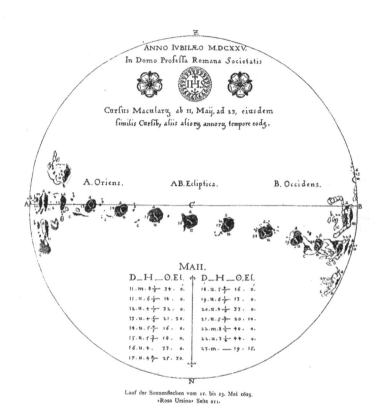

갈릴레이의 흑점 관찰

낸 덕입니다.

자기폭풍이 발생하면 정전이 발생하거나 인공위성에 영향을 미치기도 합니다. 특히 1895년에 발생했던 자기폭풍은 영국에 치명적인 영향을 미쳤습니다. 무려 22만 킬로미터에 달하는 전신망이 파괴되었고, 화재 또한 빈번하게 발생했습니다. 자기장을 나침반으로 삼아 이동하는 박쥐나 비둘기, 고래 등은 이런 태양풍으로 인해 자기 위치를 파악하는 메커니즘을 상실할 수도 있습니다. 이러한 점에서 태양풍은 인간뿐만 아니라 지구의 다른 생명체에게도 치명적인 영향을 미친다고 할 수 있습니다. 오로라와 같이 아름답고 환상적인 풍경만 만드는 게 아닌 것입니다. 2009년에 개봉한 영화 〈노잉〉은 태양 흑점이 증가하고 태양풍이 발생함으로 인해 지구가 멸망하는 현상을 다루기도 했습니다.

✠

태양풍의 영향을 받는 것은 비단 지구뿐만이 아닙니다. 화성 또한 태양풍의 영향을 받습니다. 태양계를 구성하는 행성 가운데 하나인 화성은 약 40억 년 전에 탄생했으며 '제2의 지구'라고 불리기도 합니다. 지구와 가장 가깝고 크기도 지구와 비슷할 뿐만 아니라, 지구와 마찬가지로 암석이 존재하고 태양계의 여러 행성들 가운데 온도 변화가 가장 적은 곳이기 때문입니다. 2011년에 미국항공우주국은 화성 탐사선 큐리오시티를 발사했습니다. 큐리오시티가 화성에서 과거에 물이 흘렀던 흔적을 발견하면서 화성의 생명체에 대한 전 세계 과학자들의 관심은 더욱 고조되고 있습니다. 2016년 유럽우주국ESA과 러시아도 화성 탐사선 엑소마스를 발사해 화성의 생명체의 존재를 확인하고 있습니다.

그렇다면 왜 지금 화성에는 바다가 존재하지 않을까요? 화성의 낮은 대기압 때문입니다. 화성의 대기압은 지구의 약 0.6퍼센트 정도로 매우 낮습니다. 따라서 화성에서는 물이 액체 상태보다는 기체 상태나 고체 상태로 존재할 확률이 훨씬 높습니다. 그러면 화성의 대기압이 낮은 이유는 무엇일까요? 바로 여기에 태양풍이 밀접하게 관련되어 있습니다.

태양계의 행성들은 크게 '지구형 행성'과 '목성형 행성'으로 구분될 수 있습니다. 이 중 지구형 행성은 질량이 작고 밀도가 높으며, 철이나 니켈(Ni), 규소(Si) 등 무거운 원소들이 많습니다. 수성, 금성, 지구 그리고 화성이 이에 해당합니다. 반면 목성형 행성은 질량이 크고 밀도가 낮으며 주로 수소나 헬륨 등으로 이루어져 있습니다. 그런데 화성은 다른 지구형 행성들보다 핵에 철 성분이 적게 포함되어 있습니다. 자기장은 행성이 자전하면서 핵의 철 성분이 회전할 때 발생하는데, 철 성분이 적은 화성의 내핵은 이미 약 42억 년 전에 회전을 멈추었기 때문에 화성에서는 더 이상 자기장이 발생하지 않습니다.

그리고 양성자와 전자가 가득한 태양풍이 화성을 지나치면서 자기장을 형성하는데, 이때 화성 대기에 전기장이 형성됩니다. 이렇게 형성된 전기장이 대기 중 기체 이온을 상층부로 날려버리고, 이 기체 이온들이 화성을 벗어나 우주로 흩어지면서 화성의 대기가 날아가버리는 것입니다. 지금도 태양풍은 매초 100그램의 비율로 화성의 대기를 날려버리고 있습니다. 화성에 더 이상 액체 상태의 물이 존재하지 않는 것도, 그리고 생명체가 살지 않는 것도 결국 화성의 철 성분 부족과 태양풍의 상호작용 때문이라고 할 수 있습니다.

화성과 지구의 차이점은 무엇일까요? 태양풍 때문에 대기의 대부분이 날아가버려 액체 상태의 물과 생명체가 존재하지 않는 화성과 달리 지구에 생명체가 존재할 수 있는 것은 무엇보다도 자기권이 지구를 감싸고 있기 때문입니다. 자기권은 지구자기장이 만든 일종의 공간으로, 지구 전체를 에워싸고 있습니다.

지면 5,000킬로미터 아래의 지구 내부에 형성되어 있는 지구자기장은 지구자기의 남극에서 흘러나와 지구자기의 북극으로 흘러 들어갑니다.

지구자기장은 지구의 구조와 밀접한 관련성을 가지고 있습니다. 지구는 크게 핵과 맨틀과 지각으로 구성되어 있으며, 핵은 다시 외핵과 내핵으로 구분됩니다. 좀 더 구체적으로 살펴보면, 지각은 지구의 표면을 둘러싸고 있는 부분이며 토양과 암석으로 이루어져 있습니다. 맨틀은 지각과 외핵 사이의 부분입니다. 외핵은 맨틀과 내핵 사이에 액체 상태로 존재하는 부분을 의미하며, 내핵은 고체 상태인 지구 중심부를 가리킵니다. 외핵에는 전기전도도가 큰 철과 니켈이 액체 상태로 존재하고 있기 때문에, 이와 같은 물질들이 자유롭게 이동하면서 외부 자기장의 영향을 받아 유도전류를 형성하고 자기장을 만들어냅니다. 결국 지구자기장은 지구 외핵의 철 때문에 형성된 것이라 할 수 있습니다.

지구자기장은 시속 1,600만 킬로미터의 속도로 날아오는 태양풍을 막아주는 역할을 합니다. 지구자기장의 이와 같은 역할을 입증하는 것이 바로 밴앨런대Van Allen Belt입니다. 1952년에 미국 물리학자인 제임스 밴앨런은 지구 대기권 밖에 태양풍으로 방출된 양성자와 전자를 모아 지구에 심각한 영향을 미치지 않

밴앨런대

도록 하는 '방사능대'가 있다고 가정했습니다. 또, 이 방사능대가 지구자기장에 의해 형성되는 것이라고도 가정했습니다. 미국 최초의 인공위성인 익스플로러 1호가 실제로 이와 같은 방사능 대를 발견했고, 여기에 밴앨런의 이름을 붙였습니다. 밴앨런대 는 양성자가 모이는 내부 벨트와 전자가 모이는 외부 벨트로 구성되어 있습니다. 그런데 최근 미국항공우주국에서는 밴앨런대의 바깥에 세 번째 벨트가 존재한다고 밝혔습니다. 세 번째 벨트는 태양의 흑점이 폭발하면서 양성자나 전자가 지구를 향해 날아올 때 나타났다가 시간이 지나면서 사라집니다. 태양의 흑점 폭발이나 태양풍과 같은 우주적 변화로부터 지구를 보호하기 위한 반응이라 할 수 있습니다.

✛

『조선왕조실록』에는 흥미로운 기록이 하나 있습니다. 정조 3년인 1779년 5월 12일에 "불빛과 같은 기운이 있다"라는 기록이 바로 그것입니다. 이 기록에서 언급하고 있는 불빛과 같은 기운은 바로 오로라를 의미합니다. 고위도 지역에서 나타나는 오로라가 어떻게 우리나라에서도 관측될 수 있었던 걸까요? 일시적이기는 하지만 우리나라에서 오로라가 관측된 것은 자북磁北의 이동과 관련 있습니다. 자북은 지구자기장의 북극을 의미합니다. 흔히 우리는 나침반의 N극이 북쪽을 가리킨다고 생각하는데, 사실은 자북을 가리키는 것입니다. 나침반은 지구자기장에 의해 움직이기 때문입니다. 따라서 자북은 지구의 회전축인 진북眞北과 다릅니다.

자북은 북위 75도 서경 100도에 위치하고 있는데, 이곳은 캐나다 허드슨 만 북쪽의 천연 자력 지대입니다. 하지만 1831년에 발견된 이후로 자북은 계속해서 급속히 이동하고 있으며, 현재 위치를 중심으로 러시아 방향으로 1년에 40킬로미터 이상씩 이동합니다. 최근에는 1년에 70킬로미터 이상 이동하기도 했습니다.

이와 더불어 자북의 이동을 연구하던 과학자들은 '지구자기 역전 현상'을 발견했습니다. 70만 년 전, 하와이에서 화산이 폭발하면서 철과 같이 자성을 띤 원소들이 용암에 녹았습니다. 이러한 원소들이 나침반의 바늘과 같은 역할을 담당했기 때문에, 용암이 식으면서 형성된 화산암을 보면 당시의 자기장의 방향을 알 수 있습니다. 그런데 놀랍게도 70만 년 이전의 자북은 오늘날과 같은 북쪽이 아니라 남쪽을 가리켰습니다. 지구자기의 남과 북이 거꾸로 되는 '지구자기역전'이 일어났던 것입니다. 이후 과학자들은 지구자기역전 현상이 약 25만 년에서 38만 년을 주기로 발생한다는 사실도 밝혀냈습니다. 오늘날에도 남대서양에서는 지구자기역전 현상이 발생하고 있습니다.

이는 단순히 지구자기장의 방향이 변화하는 것만을 의미하지 않습니다. 지구자기역전 현상이 발생할 때마다 지구자기장의 세기 또한 약화되기 때문입니다. 지구를 보호해주는 지구자기장의 세기가 감소하면 가장 먼저 발생하는 문제는 바로 방사선입니다. 태양풍으로 인해 방출되는 과도한 방사선에 노출되면 피부암이 발생할 수 있습니다. 인간의 피부색을 구성하는 멜라닌세포 중 특히 검은색 멜라닌세포는 자외선을 흡수해 피부를 보호하고 세포에 해로운 유해 산소를 제거합니다. 이와 같은 기능을 담당하는 멜라닌세포가 악성화되면 흑색종이라는 질병이 발생하는데, 가장 치명적인 피부암 종류로 알려져 있습니다. 흑색종으로 인한 사망자는 다른 피부암 사망자보다 3배 이상 많으며, 2012년 미국에서만 흑색종 사망자 수는 9,000명 이상이었습니다. 우리나라에서도 2012년부터 2016년 사이에 흑색종 환자가 30퍼센트 이상 급증했습니다. 가히 그 치명성을 짐작할 수 있습니다.

지구자기장 덕분에 태양계의 여러 행성들 가운데 유일하게 지구에서만 생명체가 존재할 수 있었습니다. 만약 지구자기장이 사라진다면 지구는 어떻게 될까요? 화성과 마찬가지로 태양풍은 지구의 대기를 날려버릴 테고, 지구에는 더 이상 생명체가 존재하지 않게 될 것입니다. 어쩌면 이와 같은 상황 속에서 적응하고 새로운 방식으로 진화하는 생명체가 나타날지도 모릅니다. 그렇다면 인간은 어떨까요? 과연 인간은 이와 같은 위기 속에서도 살아남을 수 있을까요? 어느 누구도 쉽게 장담할 수 없습니다. 그렇기 때문에 우리에게 지구자기장을 보호하는 것은 매우 중요합니다. 인간을 비롯해 수많은 생명체들이 골디락스 행성인 지구에서 함께 공존할 수 있는 방법이기 때문입니다.

3.
생명의 나무와
최초의 생명체

　북유럽 신화에는 '위그드라실'이라는 나무가 등장합니다. 세상이 창조된 이후 최고신인 오딘이 심었다고 전해집니다. 이 나무에는 세 개의 뿌리가 있어서 신의 나라와 거인의 나라, 인간의 나라, 죽음의 나라 등 아홉 개의 나라를 연결하고 있습니다. 뿌리의 아래쪽에는 '우드의 우물'이라고 불리는 샘이 있는데, 과거와 운명의 여신인 우르드와 현재의 여신인 베르단디 그리고 미래의 여신인 스쿨드가 지키고 있다고 합니다. 그들은 매일 물을 길어다 위그드라실에 뿌려, 모든 세계의 생명을 유지합니다. 이러한 점에서 위그드라실은 '생명의 나무'라고 불립니다.

생명의 나무는 비단 북유럽 신화에만 등장하는 것이 아닙니다. 고대 인도의 경전인 『우파니샤드』에는 하늘에 뿌리를 두고 땅 위에 가지를 드리운 거꾸로 된 무화과나무가 등장합니다. 이 무화과나무가 바로 우주의 근본 원리인 브라만을 의미합니다. 우리나라의 단군 신화에도 생명의 나무가 등장합니다. 곰 한 마리가 태백산 정상에서 하늘과 맞닿은 채 서 있는 신단수 아래에서 인간이 되기 위한 기도를 했습니다. 그리고 사람으로 환생한 환웅과 결혼하여 단군을 낳았습니다. 신단수는 하늘과 인간을 연결하는 통로인 동시에 생명의 근원인 셈입니다.

이와 같이 생명의 나무는 오랫동안 인간을 비롯해 다양한 종들의 탄생과 진화를 설명하는 방식이었습니다. 그러다가 19세기 중반, 관찰과 증거를 통해 과학적으로 생명의 나무를 설명하려는 노력이 나타났습니다. 진화론을 주장했던 영국 생물학자 찰스 다윈은 멸종했거나 지금까지 지구에 살고 있는 모든 생물의 진화 계통을 보여줌으로써 공통 조상으로부터 여러 종들이 분화되는 과정을 보여주고자 했습니다. 이와 같은 그의 노력은 『종의 기원』 제4장 〈자연선택〉에서 제시한 '진화계통수'에서 잘 나타납니다. 다윈은 동일한 종에서 발생하는 작은 차이가 세대를 거듭할수록 더욱 큰 차이를 만들어내고, 결국 다른 종으로 분

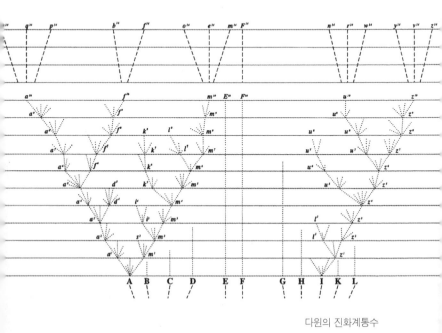

다윈의 진화계통수

화하게 된다고 설명했습니다.

2015년에는 '생명 위키피디아'가 발표되었습니다. DNA 분석을 통해 지난 35억 년 동안 지구에 살았던 약 2,300만 종의 계통도를 작성한 '생명의 나무'였습니다. 생명체의 공통 조상인 원시 박테리아로부터 식물과 동물, 그리고 인간에 이르기까지 수많은 종들 간 상호 관계를 파악할 수 있다는 점에서 주목할 만합니다.

그렇다면 모든 생명체의 근원인 원시 박테리아는 어떻게 나타났을까요? 오랫동안 사람들은 생명체가 자연에서 스스로 발생한다고 믿었습니다. 이와 같은 주장은 아리스토텔레스의 주장에서 유래한 것이었습니다. 그는 구덩이나 쓰레기에서 곤충이나 진드기 등이 발생하는 현상을 관찰한 후, 모든 생명체의 근원인 '생명의 배'로부터 생명이 탄생한다고 믿었습니다.

그러나 17세기 후반이 되면 자연발생설을 비판하는 실험들이 시행되기 시작합니다. 아리스토텔레스의 주장을 가장 먼저 비판했던 사람은 이탈리아 의사이자 박물학자*였던 프란체스코 레디였습니다. 1655년에 그는 이른바 '대조 실험'을 했습니다. 대조 실험이란 대조군과 실험군을 비교함으로써 가설을 검

● 박물학(natural history, 博物學)은 천연물 전체에 대한 과학적인 탐구를 하는 학문으로서 동물학, 식물학, 광물학, 지질학을 통틀어 이르는 말입니다. 현재에는 자연사(自然史)라고 주로 쓰입니다.

증하는 방법입니다. 레디는 두 개의 병에 각각 죽은 물고기를 넣고, 한 병은 뚜껑을 덮지 않고 다른 한 병은 거즈로 막았습니다. 그리고 며칠 후 병을 관찰해보니 뚜껑을 덮지 않은 병에서는 구더기가 발생했지만, 거즈로 막은 병에서는 아무런 변화가 나타나지 않았습니다. 그의 실험은 거즈로 막혀 있으면 파리가 병에 들어가지 못해 구더기가 발생하지 않는다는 사실을 입증한 것이었습니다.

자연발생설을 가장 신랄하게 비판했던 사람은 바로 프랑스 세균학자인 루이 파스퇴르였습니다. 1865년의 실험을 통해 파스퇴르는 유기물 용액의 변화와 미생물의 증식이 서로 관련되어 있다는 가설을 세웠습니다. 그리고 이를 검증하기 위해 이른바 '백조목 플라스크 실험'을 시행했습니다. 그는 먼저 플라스크 안에 유기물 용액을 넣고 이를 가열한 다음 멸균시켰습니다. 이때 플라스크 주둥이를 길게 늘인 다음 구부려 공기는 통하되 미생물은 들어가지 못하도록 했습니다. 그러자 흥미로운 결과가 발생했습니다. 플라스크에서 미생물이 증식되지 않았던 것입니다. 이러한 과학적 실험들이 진행됨에 따라 지구중심설과 함께 약 2,000년 동안 유럽인들을 지배했던 자연발생설은 점차 사라졌습니다.

✝

　자연발생설이 사라지면서 생명의 기원을 과학적으로 입증하려는 노력은 더욱 활발해졌습니다. 이런 분위기 속에서 나타난 것이 바로 '화학적 진화설'입니다. 화학적 진화설은 '무기물에서 간단한 유기물이 만들어지고, 여기서 다시 복잡한 유기물이 만들어지면서 궁극적으로 유기체가 만들어진다'라는 주장입니다. 생명의 나무를 제시했던 다윈은 1871년 한 편지에서 다음과 같이 썼습니다.

　암모니아와 인산염, 빛, 열, 전기 등이 있는 따뜻한 작은 연못에서 단백이 만들어지고, 이후 복잡해졌다.

　다윈의 이와 같은 주장은 20세기 초, 한 과학자에게 영향을 미쳤습니다. 구소련 생화학자였던 알렉산드르 오파린이 그 주인공입니다. 그는 1936년에 자신의 저서인 『생명의 기원』에서 화학적 진화설을 주장했습니다. 오파린의 이 주장에 따르면 약 46억 년 전 막 탄생한 원시 지구의 대기에는 수소와 암모니아, 메탄 등이 풍부했는데 이와 같은 물질들은 물 분자와 결합해 물에 잘 녹지 않는 콜로이드 상태로 존재했다고 합니다. 그리고 간단한 형태의 막에 둘러싸인 액체 방울이 만들어졌는데, 이것이 바로 원시 생명체의 기원인 코아세르베이트coacervate입니다. 코아세르베이트는 주변 환경으로부터 생존에 필요한 물질들을 수용하고, 어느 정도 커지면 분열해서 그 수가 증가한다는 점에서 생명체의 특징을 가지고 있습니다. 이 특징을 토대로 오파린은 코아세르베이트가 환경 변화에 적응하고 진화하면서 오늘날과 같은 다양한 생명체가 나타났다는 가설을 제시했습니다.

오파린의 가설을 보다 구체적으로 입증하기 위한 실험이 1952년에 시카고대학교에서 시행되었습니다. 흔히 '유리-밀러의 실험'이라 불리는 이 실험은 메탄과 암모니아, 수소가 혼합된 장치에 수증기를 주입하고, 고압전기 불꽃을 일으켜 나타나는 반응을 관찰한 것입니다. 전기를 띤 수증기는 냉각기로 이동해 물방울로 변화했고, 이 물방울을 끓여 수증기를 만들어 다시 방전시켰더니 글리신이나 알라닌과 같은 단백질을 합성하는 아미노산이 만들어졌습니다. 이 실험은 메탄이나 암모니아가 풍부했을 것으로 추정되는 원시 대기 상태와 비슷한 조건 속에서 생명체를 구성하는 유기물이 만들어지는 과정을 보여주는 것이었습니다.

1990년대 말 미쓰비시 화성 생명 과학연구소는 다음과 같은 연구 결과를 발표했습니다. 지구가 뜨거워지면서 대기 온도가 1,000도 이상 되자 원시 지구의 성장핵이었던 금속철의 산화 비율이 감소하면서 수소의 발생량 역시 감소했습니다. 그 결과로 탄소(C)는 일산화탄소(CO)로 환원되었고, 당시 원시 대기는 주로 수증기, 일산화탄소, 질소(N), 수소가 차지했다고 합니다. 그러나 지구의 대기 온도가 1,000도 이하로 낮아지자 금속철의 산화 비율이 증가하면서 수소 발생량도 증가했습니다. 그리고 원시 대기 중의 탄소가 수소와 결합해 메탄(CH_4)을 형성했다는 것입니다. 이와 같은 연구 결과는 오파린의 가설이나 유리-밀러의 실험에서 가정하고 있는 수소, 암모니아, 메탄 등이 풍부한 원시 대기의 조건이 바로 '금속철의 산화' 때문에 만들어졌음을 입증합니다.

또, 최근 과학자들은 심해 열수구에 생명체가 존재한다는 사실을 발견했습니다. 4,000~5,000미터 이상의 깊은 바다에서 높은 압력을 받은 바닷물은 지각의 갈라진 틈을 통해 지하로 스며듭니다. 그리고 마그마의 열에 의해 데워진 다음, 다시 지각의 틈을 통해 배출됩니다. 이렇게 400도에 가까운 열수가 뿜어져 나오는 분화구가 바로 심해 열수구입니다. 열수구 근처에는 다양

심해 열수구

한 생명체들이 열수와 함께 분출되는 이산화탄소(CO_2)나 유황과 같은 가스 및 화합물을 통해 생존합니다. 많은 과학자들은 심해 열수구의 이와 같은 환경이 바로 원시 생명체가 탄생할 수 있었던 지구의 골디락스 조건이라고 생각합니다.

그렇다면 앞서 얘기한 금속철의 산화는 생명체의 진화와 어떤 관련성을 가지고 있을까요? 심해 열수구에서 등장한 원시 생명체는 깊은 바닷속에서만 생존했습니다. 바로 자외선 때문이었습니다. 당시에 대기 중 산소 농도는 매우 희박했고, 자외선을 흡수하는 오존층도 존재하지 않았습니다. 따라서 태양으로부터 방출된 자외선은 지구에 그대로 흡수될 수밖에 없었을 것입니다. 자외선 가운데 UV-C는 강력한 전리방사선으로, 염색체 변이를 일으키거나 단세포 유기물을 죽이는 등 치명적인 영향을 미칩니다. 오늘날 우리는 자외선으로 인한 피부 염증이나 색소 침착을 방지하기 위해 자외선 차단제를 사용합니다만, 자외선 차단제는 비단 인간만의 전유물이 아닙니다. 깊은 바닷속에서 살았던 원시 생명체들 역시 자외선 차단제를 사용했습니다.

원시 생명체들이 사용했던 자외선 차단제는 페리하이드라이트ferrihydrite였습니다. 페리하이드라이트는 주로 습지 토양에서 형성되는 적갈색 산화철 광물입니다. 당시 바다에는 이온화된 철이 매우 풍부했기 때문에 원시 생명체들은 산화철을 만들 수 있었습니다. 그리고 이는 박테리아의 표면에 자외선을 차단할 수 있는 보호막을 제공했습니다. 이와 같은 산화철 광물 덕분에 바다 표면을 떠다니던 원시 생명체들 사이에서 새로운 에너지 생산 방식으로 나타난 것이 바로 '광합성'입니다. 광합성은 빛에너지를 이용해 이산화탄소와 물로부터 유기물을 합성하는 과정을 말합니다.

광합성을 하는 최초의 박테리아는 남세균cyanobacteria이었습니다. 우리나라 인천광역시 옹진군에 위치한 소청도에는 매우 특이한 화석이 있습니다. 바로 남세균이 퇴적층을 이룬 스트로마톨라이트stromatolite입니다. 우리나라 최초의 박테리아 화석인 동시에 가장 오래된 화석으로서 박테리아의 진화 과정을 연구하는 데 매우 중요한 존재입니다. 남세균은 녹색 색소인 엽록소를 가지고 태양에너지를 이용해 물과 이산화탄소를 분해합니다. 이와 같은 과정 속에서 두 가지가 만들어집니다. 한 가지는 포도당으로, 생명체를 유지하는 데에 사용됩니다. 다른 한 가지는 바로 산소입니다. 광합성이 시작된 이후 산소가 대기 중으로 방출되고 축적되면서 대기 중 산소 농도는 점차 증가했습니다.

과거의 대기 중 산소 농도의 변화는 과연 어떤 증거로 알 수 있

소청도의 스트로마톨라이트

을까요? 오스트레일리아의 웨스턴오스트레일리아 주 북서부에 위치한 필바라는 전 세계적인 철광석 산지입니다. 이 지역에서는 검붉은 부분과 흰 부분으로 구성된 산화철 퇴적층이 빈번하게 발견됩니다. 약 20~25억 년 전에 형성된 이곳의 산화철 퇴적층은 남세균의 광합성 이후 산소가 축적된 과정을 잘 보여주고 있습니다. 대기 중 산소가 풍부해서 철이 산화되면 검붉은 부분이 형성되는 반면, 산소가 풍부하지 않아서 산화작용이 활발하지 않으면 흰 부분이 형성되기 때문입니다. 결국 필바라의 산화철 퇴적층이 '철의 산화작용에 따른 대기 중 산소 농도의 변화'를 보여주는 과학적 증거인 셈입니다.

대기 중 산소 농도는 생명체의 진화와 대멸종mass extinction에 가장 큰 영향을 미쳤던 요소들 가운데 하나입니다. 지구에 생명체가 등장한 이후 최소 열한 차례의 멸종이 발생했는데, 그중 가장 규모가 컸던 다섯 차례의 멸종을 대멸종이라고 합니다. 최초의 대멸종은 4억 4,300만 년 전인 고생대 오르도비스기와 실루리아기 경계에 발생했습니다. 2차 대멸종은 약 3억 7,000만 년 전인 고생대 데본기와 석탄기 경계에 발생했으며, 3차 대멸종은 약 2억 4,500만 년 전인 고생대 페름기와 중생대 트라이아스기 경계에 발생했는데 열한 차례의 멸종 중 가장 심각했던 멸종이라고 알려져 있습니다. 당시 해양생물의 96퍼센트 이상이 멸종했다고 합니다. 4차 대멸종은 2억 1,500만 년 전인 중생대 트라이아스기와 쥐라기 경계에 발생했고, 마지막 대멸종은 중생대 백악기와 신생대 제3기인 6,500만 년 전에 발생했습니다. 이때가 바로 공룡이 멸종한 시기입니다.

최근 과학자들은 여러 차례에 걸친 대멸종이 대규모 화산 폭발과 더불어 산소 농도가 낮아졌기 때문에 발생한 것으로 추정하고 있습니다. 오늘날 대기 중 산소의 농도는 약 21퍼센트로, 낮은 수치가 아닙니다. 그러나 고생대 페름기와 중생대 트라이아스기 경계에 발생했던 최악의 대멸종을 포함해 다섯 차례의 대멸종이 발생했을 당시 산소의 농도는 이보다 훨씬 낮았을 것입니다.

광합성을 통해 처음 산소가 발생했을 때 산소는 일부 생명들에게 매우 유해했습니다. 남세균이 광합성을 시작한 이후 대기 중 산소 농도가 1퍼센트를 넘었을 때에는 당시 무산소 호흡을 하고 있던 많은 종들이 멸종하기도 했습니다. 그러나 이와 같은 종들의 멸종과 더불어 생존을 위해 산소를 활용하는 새로운 종들이 탄생해 사라진 종들의 공간을 채우면서, 생명체는 더욱 다양한 종으로 분화되고 진화했습니다. 이러한 점에서 산소 농도는 종의 멸종과 탄생, 그리고 진화에 상당한 영향을 미쳤던 중요한 요소라 할 수 있습니다.

✝

약 45억 년 전에 지구가 탄생한 이후 철은 액체와 고체 상태로 지구 중심부에 존재했습니다. 금속철의 산화와 산화철 광물 덕분에 유기물질들이 만들어졌고, 35억 년 전에 최초의 원시 생명체들이 탄생했습니다. 그리고 광합성을 통해 대기 중으로 산소를 방출하면서 이전과는 전혀 다른 지구환경을 만들었습니다. 이제 지구는 산소가 풍부한 행성이 된 것입니다. 약 25억 년 전, 이러한 과정 속에서 지구에서는 이전에는 나타나지 않았던 새로운 변화가 발생했습니다. 산소 농도가 점차 증가하는 지구환경의 변화에 적응할 수 있도록 핵과 세포소기관을 가진 진핵생물이 등장한 것입니다. 그리고 진핵생물들끼리 결합하면서는 생명체가 더욱 복잡해졌습니다. 수십억 개의 세포들로 구성된 생명체들이 나타났고, 이들은 과거와 비교했을 때 훨씬 성공적으로 환경 변화에 적응하기 시작했습니다. 생명체의 특징 가운데 한 가지인 항상성homeostasis이 나타난 것입니다.

4억 7,500만 년 전에는 생명체가 또 다른 결정적인 선택을 했습니다. 바로 바다를 떠나 육지로 이동한 것입니다. 새로운 호흡법이 나타났고 생식 방법 역시 변화했습니다. 2억 5,000만 년 전에는 최초의 포유류가 출현했습니다. 중생대 트라이아스기 후기에 나타난 포유류는 몸집이 아주 작고 털이 있어서, 마치 쥐와 같았습니다. 마지막 대멸종으로 지구를 지배하던 공룡이 사라지면서 포유류는 급속하게 확산되었습니다. 그리고 다양한 종으로 분화하고 진화했습니다. 오늘날 지구 전체에 가장 큰 영향력을 미치는 인간이 등장하게 된 것도 바로 철 덕분인 것입니다.

4.
생명의 유지와
인류

직각삼각형에서 직각을 끼고 있는 두 변의 제곱의 합은 빗변 길이
의 제곱과 같다.

이른바 $a^2 + b^2 = c^2$이라는 공식으로 우리에게 잘 알려진 '피타고
라스의 정리'입니다. 피타고라스는 기원전 6세기경의 그리스 철
학자이자 수학자입니다. 그는 만물의 근원을 '수'라고 생각하여
수학의 발달에 상당한 공헌을 했습니다. 그뿐만 아니라 채식주
의를 주장했던 사람이기도 합니다. 당시 그리스에서는 올림퍼
스 신들에게 동물을 제물로 바쳤습니다. 동물의 털이나 내장을

불태워 제물로 바치는 의식을 번제burnt offering라고 하는데, 이 의식은 이후 유대교로 전파되었습니다. 유대교에서 하나님의 율법을 어긴 죄를 용서받기 위해 제물을 모두 불태우는, 이와 같은 의식을 '홀로코스트'라고 합니다. 일반적으로는 인간이나 동물을 대량으로 학살하는 행위를 의미하지만, 제2차 세계대전 기간 동안 독일의 나치가 600만 명 이상의 유대인을 학살했던 역사적 사건을 의미하는 것으로 더 잘 알려져 있습니다.

다시 피타고라스로 돌아와서, 그는 이렇게 동물을 제물로 바치는 의식을 신랄하게 비판했습니다. 인간뿐만 아니라 동물 역시 영혼을 가지고 있다고 생각했기 때문이었습니다. 그리고 그의 주장은 이후 소크라테스나 플라톤에게도 영향을 미쳤습니다. 특히 플라톤은 가축을 기르는 것보다 채소를 재배하는 것이 훨씬 경제적이라고 생각했으며, 채식주의가 건강 증진 및 장수의 비결이라고 믿었습니다. '주권은 국민에게 있으며 이를 양도할 수 없다'라는 사회계약설을 주장해 18세기 동안 발생했던 시민혁명들의 사상적 토대를 제공했던 프랑스 계몽사상가 장 자크 루소 역시 채식주의를 강조했습니다. 그에 따르면 자연 상태에서는 경쟁이나 갈등이 존재하지 않기 때문에 인간이 평화로웠으며, 인간의 생존에 필요한 것은 오직 자연이 제공해주는 물과 식물뿐이었다고 합니다.

　그렇다면 인간은 식물로부터 어떻게 생존에 필요한 에너지를 얻는 걸까요? 녹색식물의 잎에 있는 화합물인 엽록소는 태양 광선을 흡수해서 물을 산소와 수소로 분해시킵니다. 그리고 잎에서는 공기 중의 이산화탄소를 이용해 포도당을 형성합니다. 포도당은 세포에서 에너지를 생산하는 공장인 미토콘드리아에서 아데노신삼인산ATP으로 전환됩니다. 그러면 생명체는 물 분자가 작용해서 일어나는 가수분해를 통해 ATP에 저장된 에너지를 사용하는 것입니다. 즉, 광합성을 통해 만들어지는 포도당이 생명체의 유지와 활동에 매우 중요한 에너지원이 됩니다.

　포도당이 만들어지는 과정에 중요한 영향을 미치는 요소가 있습니다. 바로 철입니다. 식물의 철 함량은 약 100~300피피엠 정도로, 그리 많은 양은 아닙니다. 그러나 철의 함량이 부족해지면 어린잎이 누렇게 변하는 '황백화 현상'이 바로 발생합니다. 엽록소가 제대로 만들어지지 않기 때문입니다. 이러한 현상은 주로 식물의 잎에 있는 관다발인 엽맥에서부터 나타나 확산되곤 합니다. 또한 철이 부족해지면 그라나grana의 수 역시 감소합니다. 그라나는 엽록체에 있는 납작한 주머니 모양의 막 구조물 틸라코이드thylakoid가 중첩되어 만들어진 것으로, 빛에너지를 수용

해서 화학에너지로 전환시키는 역할을 담당합니다. 결국 철이 부족해지면 광합성 작용이 제대로 진행되지 않으며, 이는 식물뿐만 아니라 수많은 종들에도 영향을 미칠 수밖에 없습니다.

철은 식물뿐만 아니라 인간의 생존에도 중요합니다. 인간의 혈액세포에서 가장 많은 비중을 차지하는 것은 적혈구인데, 혈관을 통해 인체의 여러 조직들에 산소를 공급하고 이산화탄소를 제거하는 기능을 합니다. 쉽게 말해, 적혈구는 산소 운반에 특화된 세포입니다. 적혈구가 다량으로 포함하고 있는 성분이 바

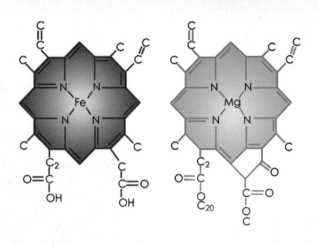

사람의 헤모글로빈(좌)과 식물의 엽록소(우)

로 '헤모글로빈'이라는 단백질입니다. 헤모글로빈은 헴과 글로빈으로 구성되어 있는데, 이 중 헴을 구성하는 주된 성분이 철입니다. 철이 인체의 여러 조직들에 산소를 전달하는 기본 물질인 셈입니다. 철이 부족해 혈액순환이 제대로 되지 않으면 산소가 결핍되면서 면역 체계가 저하되고, 결과적으로 질병에 쉽게 감염될 수 있습니다.

인체를 구성하는 철은 약 4그램 정도로 매우 소량입니다. 쉽게 생각하자면 작은 못 한 개 정도의 양입니다. 그러나 무시할 수 없는, 막중한 역할을 해내고 있습니다. 혈액 내 산소를 운반하는 헤모글로빈을 형성하는 데 매우 중요한 원소일 뿐만 아니라, 근육이 충분한 활동을 할 수 있도록 에너지를 형성하기도 합니다. 그리고 신경전달물질의 보조인자로 작용하기 때문에 뇌의 신경신호를 전달하는 도파민 등의 호르몬에 영향을 미칩니다. 도파민은 중추신경계에서 발견되는 호르몬으로, 행동과 인식, 동기부여, 수면, 기억, 학습 등에 중요한 영향을 미칩니다. 도파민의 분비가 줄어들면 우울증이 발생하고 과다하게 분비되면 조울증이나 조현병이 발생할 수 있습니다. 이러한 점에서 철은 인체가 생존하는 데뿐만 아니라 인체가 제대로 기능하는 데에도 꼭 필요한 원소인 것입니다.

지구의 생명체들이 에너지를 생성하고 생명을 유지하는 데 헤모글로빈과 엽록소는 매우 중요합니다. 그런데 흥미롭게도 이 두 가지는 동일한 구조를 가지고 있습니다. 헤모글로빈의 중심 원소가 철, 엽록소의 중심 원소가 마그네슘(Mg)이라는 차이를 제외하면 말입니다. 20세기 초 리하르트 빌슈테터를 비롯한 독일 화학자들이 헤모글로빈과 엽록소의 관계를 연구하다가 헤모글로빈이 혈액 내 산소를 운반하는 기능을 담당한다는 사실을 밝혀낸 것이기도 합니다. 이와 같은 연구를 토대로 독일 생화

학자 한스 피셔는 1930년에 노벨 화학상을 수상했습니다. 헤모
글로빈이 산화되어 생기는 색소인 헤민hemin의 구성 성분을 분석
하고, 이를 토대로 혈색소의 구조를 밝히는 연구를 수행한 공로
를 인정받은 것입니다. 당시 스웨덴왕립과학원 노벨화학위원회
위원장이었던 쇠더바움은 시상 연설에서 다음과 같이 이야기했
습니다.

> "지금 생명은 두 개의 색소, 즉 헤민과 엽록소 연구를 중심으로 진
> 행되고 있다. 생명은 색소라고 할 수 있다. 혈색소로 인해 여러 조
> 직에 산소가 운반되고, 엽록소로 인해 생명의 근본적이 과정이 구
> 성되기 때문이다."

그의 연설처럼 헤모글로빈과 엽록소는 생명을 유지하기 위
해 필요한 에너지와 산소를 생성하는 데 매우 중요합니다. 더 나
아가, 이 두 가지는 상호작용하기도 합니다. 20세기 초에 독일의
화학자들은 동물이나 인간이 엽록소를 섭취했을 때 엽록소의
마그네슘이 철로 치환되는 작용을 발견했습니다. 소나 말, 양 등
의 동물들이 풀을 먹으면 신체를 유지하는 데 필요한 혈액이 만
들어지는 것이 대표적인 사례입니다. 엽록소가 헤모글로빈으로

변하면서 신체의 여러 기관들로 산소가 공급되면 혈액순환이 원활해지고 체내 노폐물이 제거되기도 합니다.

‡

이렇게 생명 유지에 필수적인 철은 인류의 진화에서도 중요한 역할을 담당했습니다. 1995년 영국 인류학자 레슬리 아이엘로는 매우 흥미로운 가설을 발표했습니다. 전체 무게의 2퍼센트 정도밖에 되지 않는 뇌가 전체 에너지의 20~25퍼센트 정도를 사용한다는, 이른바 '비싼 조직 가설expensive tissue hypothesis'입니다. 이 가설에 따르면 제한된 에너지를 둘러싸고 뇌와 다른 장기들은 서로 더 많은 에너지를 사용하기 위해 경쟁합니다. 아이엘로는 인간이 육식을 통해 에너지 섭취 효율이 높아지고, 직립보행을 하면서 적은 에너지로 멀리까지 이동할 수 있게 되자 뇌에 더 많은 에너지가 공급되었다고 주장했습니다. 그리고 뇌 용량이 커지면서 자연스럽게 내장은 작아졌다는 것입니다. 최근 아이엘로의 주장과는 반대로 내장이 작아지면서 뇌 용량이 커졌다는 주장이 제기되기도 했지만, 순서야 어찌 되었든 뇌와 다른 장기들 사이에 상호 관련성이 존재한다는 것은 분명해 보입니다.

오늘날 침팬지의 뇌 용량은 400~500세제곱센티미터인 데 반해, 인간의 뇌 용량은 1,300~1,500세제곱센티미터로 약 3배 정도 큽니다. 1959년 동아프리카 탄자니아의 올두바이 협곡에서 두개골 화석이 발견되었습니다. 올두바이 유적은 세계에서 가장 오래된 구석기 유적이기도 합니다. 여기에서 약 250만 년 전에 제작된 것으로 추정되는 석기가 출토되었는데, 그와 동일한 지층에서 두개골 화석이 발견된 것입니다. 동아프리카 해안의 옛 이름을 따서 '진잔트로푸스 보이세이*Zinjanthropus boisei*'라 불리는 이 종의 두개골 용량은 약 500세제곱센티미터로, 침팬지와 별다른 차이가 없었으며 어금니 역시 매우 컸습니다. 따라서 비록 도구가 발견되기는 했지만 이들을 인류의 조상으로 간주할 것인가에 대해서는 불확실했습니다. 다음 해인 1960년, 진잔트로푸스 보이세이와는 구별되는 새로운 두개골이 발견되었는데 어금니가 상당히 작았고 뇌 용량 역시 650세제곱센티미터 정도로 더 컸습니다. 학자들은 이 새로운 종에게 '호모 하빌리스*Homo habilis*'라는 이름을 붙여주었습니다. 호모 하빌리스의 등장은 인류학자들 사이에서 현생인류의 진화를 둘러싼 논쟁을 야기했습니다.

그리고 1974년 11월 24일, 미국 인류학자 도널드 조핸슨은 아프리카 에티오피아에서 역사적인 화석을 발굴했습니다. 당시 라디오에서 비틀즈의 〈Lucy in the sky with the Diamonds〉 가 흘러나오고 있었기 때문에 이 화석은 루시Lucy라는 별명을 가지게 되었습니다. '오스트랄로피테쿠스 아파렌시스*Australopithecus afarensis*'라는 학명을 가진 이 종은 어깨가 좁고 엉덩이와 무릎 관절이 발달해 있었는데, 이것이 바로 직립보행의 증거였습니다. 1978년에 탄자니아 라에톨리에서 발견된 발자국 화석이 이들의 직립보행을 더욱 명확하게 보여주었습니다. 약 360만 년 전의 것으로 추정되는 이 발자국에는 앞발의 흔적이 없었고 엄지발가락이 다른 발가락들과 나란히 붙어 있었습니다. 이후 직립보행은 원시인류인 호미닌Hominines의 특징으로 간주되었습니다.

직립보행이 호미닌의 특징으로 간주된다면, 뇌 용량의 증가는 현생인류와 그 조상인 호모속Homo genus의 특징으로 간주됩니다. 당시 학계에서는 직립보행과 자유로운 손의 사용, 그리고 750세제곱센티미터 이상의 뇌 용량 등을 호모속의 자격 조건으로 제시했습니다. 호모 하빌리스가 직립보행을 했고 자유로워진 손을 사용해 도구를 제작했다고 해도, 그들의 뇌 용량은 호모속의 자격 조건에 적합하지 않았습니다. 따라서 당시에는 호모 하빌리스를 호모속으로 인정하지 않았습니다. 그런데 1974년 케냐의 투르카나 호수에서 뇌 용량이 약 750~800세제곱센티미

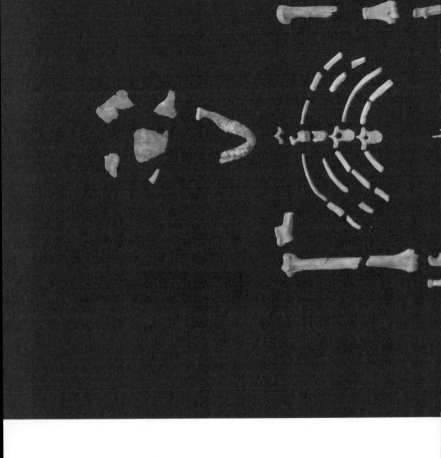

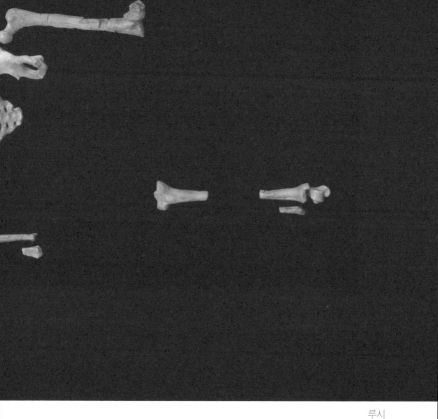

루시

터 정도 되는 두개골이 발견되었습니다. 약 250만 년에서 170만 년 전 사이의 것으로 추정되는 이 두개골은 호모 하빌리스와 같은 종으로 간주되어, 이후 호모 하빌리스는 자연스럽게 호모속으로 인정되었습니다. 하지만 뒤늦게 이 종은 호모 하빌리스가 아니라 당시 공존했던 다른 종이라는 연구 결과가 발표되었고, 이들은 '호모 루돌펜시스Homo rudolfensis'라는 다른 이름으로 불리게 되었습니다.

호모 하빌리스 이후 호모속의 여러 종들은 뇌 용량이 점점 더 증가했습니다. 약 200만 년 전에 아프리카에서 등장했던 호모 에렉투스Homo erectus는 호모 하빌리스보다 뇌 용량이 무려 2배 이상 컸습니다. 이 정도 용량이면 사실상 현생인류와 별다른 차이가 없는 양입니다. 일부 과학자들은 이와 같은 뇌 용량 증가가 바로 불의 사용 때문이라고 주장합니다. 우리는 종종 불의 사용과 문명의 발달을 연결 짓습니다. 그리스 신화에서는 티탄족인 프로메테우스가 최고신인 제우스가 감추어둔 불을 인간에게 가져다주었습니다. 불의 사용과 더불어 인간 사회에서는 문명이 발달했지만 프로메테우스는 코카서스 바위에 쇠사슬로 묶여 독수리에게 간을 쪼이고 먹히는 형벌을 받았습니다. 나중에 그리스 신화 최고의 영웅인 헤라클레스가 독수리를 죽인 다음에야 비

호모 에렉투스와 불

로소 프로메테우스는 이 형벌에서 벗어날 수 있었습니다.

 남아프리카공화국의 본더베르크 동굴에서는 식물이 타고 남은 재와 불에 탄 동물 뼈가 발견되었습니다. 표면이 갈라진 철광석도 발견되었는데, 모두 약 100만 년 전의 것으로 밝혀졌습니다. 주변에서 함께 발견된 주먹도끼나 찍개 등의 석기를 통해 호모 에렉투스가 동굴 안에서 불을 사용했던 것으로 추정할 수 있었습니다. 과학자들은 호모 에렉투스가 번개 등으로 인해 자연 상태에서 발생한 불을 동굴로 가져와 사용했을 것이라고 생각합니다. 호모 에렉투스는 불을 사용해 온기를 유지하고 위협적인 동물들이 접근하지 못하도록 했습니다. 더 나아가 불을 다른 용도로도 사용하기 시작했는데, 바로 '화식'입니다. 미국 인류학자 리처드 랭엄은 호모 에렉투스가 침팬지보다 작은 턱 근육과 어금니를 가지고 있음에도 불구하고 불에 음식을 익혀 먹으면서 보다 효율적으로 에너지를 섭취했을 것이라고 주장했습니다. 이러한 점에서 호모 에렉투스의 불 사용은 인류 진화에 상당한 영향을 미쳤다고 할 수 있습니다.

호모 에렉투스는 다른 어느 종보다도 뇌 용량이 급격하게 증가했습니다. 이들은 육식을 통해 더 적은 양으로 더 많은 에너지를 얻었습니다. 물론 호모 에렉투스가 육식을 했던 유일한 종은 아닙니다. 오스트랄로피테쿠스 아파렌시스는 주로 채식을 했지만 호모 하빌리스는 호모 에렉투스와 마찬가지로 육식을 했습니다. 하지만 이들은 불을 사용해 음식을 익혀 먹지 않았기 때문에 육식을 통한 에너지 섭취가 훨씬 비효율적이었습니다.

화식을 통해 호모 에렉투스는 더 많은 영양분도 얻게 되었습니다. 비타민 B_{12}는 적혈구를 형성하는 데 필요한데, 동물성 음식에만 존재합니다. 육식을 통해서만 비타민 B_{12}를 섭취할 수 있는 것입니다. 철분 역시 마찬가지입니다. 혈액이 인체의 여러 조직들에서 필요로 하는 산소를 제대로 공급하지 못해서 저산소증이 발생하는 증상이 빈혈입니다. 빈혈을 예방하기 위해서는 철분 섭취가 필수적인데, 육식을 통해 철분을 섭취하는 것이 채식을 통하는 것보다 1.8배 이상 효율적입니다.

최초의 생명체가 탄생한 이후 수십억 년 동안 지구의 환경은 끊임없이 변화했습니다. 수천만 년 전에는 지구가 건조해지면서 아프리카에서 울창했던 삼림이 열대초원 사바나로 변했습니다. 이와 같은 지구환경의 변화는 당시 살고 있던 수많은 종들의 생활 방식에도 영향을 미쳤는데, 그중 하나가 나무 위에 살던 영장류 중 일부 종이 땅으로 내려오기 시작한 사건입니다. 루시가 그랬던 것처럼 이들 역시 나무와 땅을 오가는 생활을 반복했을 것입니다. 지난 100만 년 동안 지구에는 일곱 차례 이상의 빙하기가 발생하기도 했습니다. 이 역시 수많은 종들의 진화에 영향을 미쳤습니다. 호모 에렉투스는 효율적인 육식을 통해 더 많은 에너지를 얻게 되었고, 20만 년 전에 등장한 현생인류의 조상 호모 사피엔스는 생존을 위해 새로운 방식으로 육식을 시작했습니다. 더 많은 에너지를 얻을 수 있는 방식, 바로 '농경'이 시작된 것입니다. 이후 인류 사회가 급속하게 변화하기 시작했고 더욱 복잡해졌습니다.

5.
지구환경의 변화와
농경

1972년, 한 보고서의 마지막 부분에 다음과 같은 내용이 실렸습니다.

하루에 2배씩 면적을 넓히는 수련이 있다. 29일째 되는 날, 수련은 연못의 절반을 뒤덮었다. 그렇다면 수련이 연못을 모두 덮는 데 앞으로 며칠이 걸릴까?

이 질문에 대한 대답은 바로 '하루'였습니다. 이 보고서는 당시 지구를 연못에 비유하면서 인류가 아직 심각한 위기를 인식하지 못하고 있다고 비판했습니다. 이 보고서는 바로 로마클럽 Club of Rome에서 발표한 『성장의 한계』입니다. 로마클럽은 1968년에 환경오염에 대한 연구의 필요성을 인식하고 결성된 민간단체입니다. 지구의 유한성을 토대로 인구 증가와 공업 생산량, 식량 생산량, 자원 고갈 그리고 환경오염에 대해 살펴보면서, 결국 성장이 한계에 직면하게 된다고 주장합니다. 급속한 과학기술의 발전이 보다 나은 미래에 기여할 수 있다는 점을 지나치게 과소평가했다는 비판을 받기도 했지만, 『성장의 한계』가 1970년대 이후 환경오염에 대한 전 세계적인 관심을 촉구하는 데 중요한 역할을 한 것은 사실입니다.

최근 전 지구적으로 많은 관심을 가지고 있는 지구온난화 역시 『성장의 한계』에서 처음 지적되었습니다. 지구온난화는 지구 표면의 평균온도가 상승하는 현상을 의미합니다. 지구온난화의 원인은 아직까지 명확하게 규명되지 않았지만, 많은 과학자들은 온실효과를 일으키는 온실가스가 지구온난화에 상당한 영향을 미치고 있다고 생각합니다. 가장 대표적인 온실가스는 바로 이산화탄소입니다. 석탄이나 석유 같은 화석연료를 사용하기 시작한 이후로 이산화탄소 배출량은 급증하기 시작했고, 이제는 전 세계적으로 이산화탄소 배출량을 줄이기 위한 다양한 정책들을 시행하고 있습니다.

1992년 6월, UN에서는 '기후변화에 관한 유엔기본협약UN-FCCC'을 체결했습니다. 이 협약의 궁극적인 목적은 이산화탄소를 비롯한 온실가스 배출을 제한하여 지구온난화를 막는 것입니다. 1997년 12월에 일본 교토에서 채택된 「교토의정서」역시 이산화탄소와 메탄 등 총 여섯 가지 온실가스의 감축 목표치를 설정해 지구온난화를 규제하고자 했습니다. 2008년부터 2012년까지 제1차 감축공약기간 동안 37개 국가에서는 온실가스를 1990년 수준보다 평균 5.2퍼센트 감축하기로 했고, 제2차 감축공약기간인 2013년부터 2020년 사이에는 25~40퍼센트 이상 감축하기로 했습니다.

그런데 사실 지구온난화가 비단 오늘날에만 나타나는 현상은 아닙니다. 45억 년 동안 지구의 온도는 계속 변화하면서 빙하기와 간빙기가 번갈아 나타났습니다. 가장 오래된 빙하기는 약 24억 년 전에서 21억 년 전에 발생했던 휴로니안Huronian 빙하기로, 북아메리카 오대호 주변에서 빙하퇴적암이 그 흔적으로 발견되었습니다. 지구에서 나타났던 가장 큰 규모의 빙하기는 8억 5,000만 년 전에서 6억 3,000만 년 전에 발생했던 스타티안Sturtian 빙하기와 마리노안Marinoan 빙하기입니다. 당시에는 지구의 적도 지역까지 빙하로 뒤덮여 있었으며, 지표 기온이 영하 50도까지 내려갔습니다. 7억 년 전 캄브리아기 말기의 빙하퇴적물이 지구 전체에서 발견되었는데, 암석에 함유된 철 성분으로 지구의 과거 상태를 연구하는 고지자기학 연구에 따르면 이 빙하퇴적물은 원래 적도 지역에 있었던 것으로 추정됩니다. 1960년대에 과학자들은 극지방의 얼음층이 일정 크기 이상으로 커지면 지구 전체가 추워질 수 있다는 가설을 제시하기도 했습니다. 이른바 '눈덩이 지구Snowball Earth' 이론입니다.

이와 같은 빙하기는 왜 발생하는 것일까요? 많은 과학자들은 빙하기와 간빙기가 지구의 공전 및 자전과 밀접한 관련성을 가지고 있다고 생각합니다. 세르비아 천체물리학자 밀루틴 밀란코비치는 지구 공전궤도의 이심률, 자전축 경사, 지축의 세차운동이 서로 결합하여 빙하기와 간빙기가 반복적으로 나타난다고 주장했습니다.

지구의 공전궤도는 태양계 내 다른 행성들의 중력에 의해 타원의 형태를 가지고 있습니다. 그런데 원의 모양이 얼마나 찌그러졌는지를 보여주는 이심률을 살펴보면 지구 공전궤도는 원형에서 타원형에 이르기까지 다양하게 변화합니다. 밀란코비치는 이 이심률이 증가할수록 계절 변화가 커진다고 주장했습니다.

눈덩이 지구

이뿐만 아니라 지구 자전축의 경사는 21.5도에서 24.5도 사이를 오가는데, 자전축의 경사가 최대가 되면 간빙기가 발생하고 최소가 되면 빙하기가 발생합니다. 그리고 세차운동이란 팽이처럼 자전운동을 하는 물체의 회전축이 회전하는 운동을 의미합니다. 지구의 세차운동에 따라 북반구가 태양과 가장 멀어지는 원일점을 통과하면 빙하기가 나타나고, 반대로 가장 가까워지는 근일점을 통과하면 간빙기가 나타나는 것입니다. 실제로 지구 공전궤도의 이심률은 4만 1,000년을 주기로 변하고 자전축의 경사는 10만 년 주기로 오가며 세차운동은 2만 6,000년을 주기로 발생합니다. 빙하기와 간빙기는 이와 같은 현상들이 복합적으로 발생하면서 나타나는 결과라고 할 수 있습니다.

✤

마지막 빙하기는 약 11만 년 전에 시작되어 약 1만 년 전에 끝났습니다. 마지막 빙하기가 종식되면서 지구환경이 크게 변화했는데, 우리나라에도 그 흔적이 남아 있습니다. 대구광역시 달성군과 경상북도 청도군의 경계에 산이 하나 있는데, 산 정상의 바위가 마치 신선이 거문고를 타는 모습과 같다고 해서 비슬산이라 부릅니다. 비슬산에는 잘 알려진 전설이 하나 있습니다. 비슬산 기슭에 사는 나무꾼이 산에 나무를 하러 갔다가 바람을 쐬기 위해 산꼭대기로 올라갔습니다. 그곳에 두 명의 노인들이 바둑을 두고 있었는데, 나무꾼에게 호리병에 담긴 술을 권했습니다. 나무꾼이 술을 받아 마시고 한참 바둑을 구경하다가 집으로 돌아가려고 보니 도낏자루가 재로 변하고 도끼날 역시 녹슬어 있었다고 합니다. 여차저차 집에 도착한 나무꾼은 낯선 사람이 자신의 집 앞 텃밭을 갈고 있는 것을 보았습니다. 그리고 놀랍게도 자신이 그의 고조부라는 사실을 알게 됩니다. 산에서 노인들이 바둑 두는 것을 구경하는 동안 수많은 시간이 흐른 것입니다. '신선놀음에 도낏자루 썩는 줄 모른다'라는 속담으로 종종 등장하는 이 이야기가 바로 비슬산에서 유래된 것입니다.

비슬산에는 천연기념물 제435호로 지정된 세계 최대 규모의 돌강stone river이 있습니다. 돌강은 수많은 바윗덩어리들이 골짜기를 따라 흘러내리는 듯한 상태로 쌓여 형성된 지형을 의미합니다. 1833년에 남대서양의 파타고니아 대륙붕 지역에 위치한 포클랜드 섬을 방문했던 찰스 다윈이 흘러내리는 모습의 돌을 보고 이름 붙였다고 알려져 있으며, 공식적인 명칭은 암괴류stone run, 岩塊流입니다. 빙하기 동안 동결작용에 의해 만들어지거나 빙하기 이전에 화학적 풍화작용에 의해 만들어진 돌이 이후 지표면으로 노출되면서 암괴류가 만들어집니다. 비슬산의 돌강은 후자의 경우입니다. 돌강을 이루는 10미터 정도의 크고 둥근 화강암은 약 1억 3,500만 년 전부터 6,500만 년 전까지의 백악기에 마그마가 굳어 형성되었습니다. 땅속 깊이 묻혀 있다가 수천만 년에 걸쳐 지표가 깎이면서 점차 지표면 근처로 나타난 것입니다. 그리고 마지막 빙하기가 끝나면서 빗물에 모래와 진흙이 씻겨 내려가자 돌강이 탄생하게 되었습니다.

마지막 빙하기가 종식된 이유는 무엇일까요? 2015년 《네이처》에는 바닷속 이산화탄소가 대기 중으로 방출되면서 마지막 빙하기가 급속하게 종식된 것이라는 연구 결과가 실렸습니다. 고대 플랑크톤 화석을 분석하던 연구팀이 흥미로운 사실을 발견한 것입니다. 바다에는 이산화탄소를 흡수하는 플랑크톤이 있습니다. 가장 대표적인 종은 석회비늘편모류, 바로 코코리토포레coccolithophore입니다. 이들은 수중의 칼슘과 이산화탄소를 결합시켜 탄산칼슘($CaCO_3$)을 만들고, 이를 자신들의 세포막을 보호하는 막으로 활용했습니다. 그리고 죽은 다음에는 이산화탄소를 바다에 저장합니다. 이들의 화석을 통해 바닷속 이산화탄소의 양을 계산할 수 있는데, 연구팀의 관측에 따르면 빙하기 동안 185피피엠이었던 이산화탄소의 농도가 약 1만 년 전에 280 피피엠으로 급증했습니다. 이산화탄소 농도의 증가가 빙하기 종식과 더불어 지구온난화를 야기한 중요 원인 가운데 하나일 수 있는 것입니다.

철 역시 지구온난화와 밀접한 상호 관련성을 가지고 있습니다. 바닷속에 사는 식물성 플랑크톤이 성장하는 데 반드시 필요한 성분 중에 철이 있습니다. 다른 식물들과 마찬가지로 식물성 플랑크톤 역시 광합성을 통해 대기 중 이산화탄소를 흡수하며, 철이 풍부해지면 식물성 플랑크톤의 수가 증가합니다. 그럼 철은 어떻게 바다로 유입된 것일까요? 이 역시 지구온난화 때문입니다. 대륙빙하라고 불리기도 하는 빙상ice sheet에는 철 성분이 많이 함유되어 있습니다. 이산화탄소의 배출량이 증가해서 지구온난화가 발생하면 빙상이 녹으면서 철이 바다로 유입되는 것입니다. 그런데 바닷속 철 함유량이 증가하면 식물성 플랑크톤의 수가 증가하게 되고, 다시 이들이 상당량의 이산화탄소를 흡수하면서 결과적으로 지구온난화를 저지할 수 있습니다. 지구온난화 때문에 바다로 유입된 철이 다시 지구온난화를 막는 데 활용된다니 그야말로 역설적이면서도 재미있는 관계가 아닐 수 없습니다.

철 성분이 함유된 빙상

마지막 빙하기의 종식은 인간에게도 상당한 영향을 미쳤습니다. 지난 200만 년 동안 인간은 생존에 필요한 에너지를 주변 환경으로부터 얻었습니다. 역사학자들은 이와 같은 생활 방식을 수렵채집이라고 부릅니다. 도구를 사용하기 시작하면서 수렵채집은 더욱 가속화되어, 인간보다 훨씬 큰 동물을 사냥하고 강과 바다에서 물고기를 잡았습니다. 그리고 일부 곡식들과 과일도 채집할 수 있었습니다. 그러나 마지막 빙하기가 끝나고 지구가 점점 따뜻해지면서 이와 같은 생활 방식에 변화가 생기기 시작했습니다. 대륙빙하가 녹으면서 해수면이 60미터 이상 상승해 해안 지역에 살던 수많은 종들이 내륙으로 이동하지 않을 수 없었는데, 인간 역시 예외는 아니었습니다. 빙하기의 종식은 해안 지역뿐만 아니라 내륙 지역에도 영향을 미쳤습니다. 삼림과 초원의 중간 형태인 사바나가 나타났고 이와 같은 환경에 적응한 새로운 종들이 나타났습니다. 그리고 인간은 새로운 동물과 식물을 식량으로 활용하기 시작했습니다.

이 시기에 나타난 새로운 생활 방식이 바로 농경입니다. 농경은 단순히 곡식을 재배하고 가축을 기르는 것에만 국한되지 않습니다. 주변에 존재하는 수많은 동물과 식물 가운데 인간이 특별히 더 선호하는 동물과 식물의 생산량을 증가시키기 위한 일련의 기술 발전 및 진화를 의미합니다. 최초로 농경이 시작된 지역은 '비옥한 초승달 지대Fertile Crescent'로, 오늘날 팔레스타인과 메소포타미아, 이란에 이르는 지역입니다. 기원전 9000년경 이 지역에서는 밀을 재배하기 시작했습니다. 아메리카에서는 기원전 7000년경 옥수수를 기르기 시작합니다. 그리고 개, 고양이, 돼지 등의 동물도 키우기 시작했습니다. 이와 같은 '길들이기'는 궁극적으로 더 많은 식량을 얻기 위한 것이었습니다. 즉, 농경은 인간과 주변 환경의 공존·공생인 동시에, 보다 많은 에너지를 얻기 위한 집약화 과정이라고 할 수 있습니다.

농경이 시작된 이후 잉여 생산물이 증가함에 따라 인구는 폭발적으로 증가했습니다. 수렵채집시대의 공동체는 기껏해야 수십 명을 넘지 않았지만, 농경시대의 공동체는 규모가 더욱 확대되었습니다. 수렵채집시대에 인구가 2배로 증가하는 데 약 8,000~9,000년 정도가 걸렸던 반면, 농경시대에는 인구가 2배로 증가하는 데 약 1,400년밖에 걸리지 않았습니다. 급증한 인구를 부양하기 위해서는 결국 더 많은 식량이 필요했습니다. 이를 위해 인간은 새로운 도구를 개발했습니다. 이미 수렵채집시대부터 돌을 사용해 사냥이나 채집에 필요한 도구를 만들어왔지만, 이제 새로운 물질을 활용해 더 효율적인 도구를 제작하기 시작한 것입니다.

인간이 새로 제작한 도구는 무엇이었을까요? 바로 '철제 도구'입니다. 사실 철을 이용해 도구나 무기를 만드는 것은 그리 쉽지 않습니다. 철광석에서 직접 만들어지는 철인 선철pig iron이 약 1,150도 이상에서 녹기 때문입니다. 그런데 오늘날 터키에 해당하는 아나톨리아 지역에 살던 히타이트인들이 인류 역사상 최초로 철 제련 기술을 개발해냈습니다. 탄소 함유량이 0.2퍼센트 내외인 부드러운 연철wrought iron을 가열하고 망치로 두드리면 청동보다 훨씬 단단한 강철steel을 만들 수 있다는 사실을 알게 된 것입니다.

이후 히타이트인들은 철로 검과 갑옷과 전차를 만들어 주변 지역들을 정복하기 시작했고, 기원전 13세기까지 오리엔트 지역을 지배하는 광범위한 '철의 제국'을 형성했습니다. 당시 지중해 동쪽에 위치했던 페니키아는 히타이트 제국에 조공을 바치기 위해 여러 지역들을 오가면서 교역을 했고, 보다 효율적인 교역을 위해 문자를 개발했습니다. 이후 그리스와 로마에서 이를 수용하면서 이 문자는 오늘날 우리가 사용하는 알파벳이 되었습니다. 알파벳의 탄생도 철과 밀접한 관련성을 가지고 있는 것입니다. 그리고 히타이트인들이 개발한 제련술은 이후 전 지구적으로 널리 확산되기 시작했습니다.

✝

　기원전 8세기부터 진나라 시황제가 여러 지역들을 통일한 기원전 221년까지의 시기를 역사학자들은 '춘추시대'라고 부릅니다. 바로 이 시기 중국에서 인류 역사에 막대한 영향을 미친 사건이 발생했습니다. 철을 달구어 제련하는 히타이트인들의 제련법이 아닌, 중국인들의 새로운 기술이 개발된 것입니다. 바로 '송풍식 수직 용광로'입니다. 용광로에 여러 개의 가죽 주머니가 달려 있고, 이 주머니들에 바람을 불어 넣으면 용광로의 온도는 무려 1,300도까지 올라갑니다. 이제 중국에서는 고온에서 철이 녹으면 액체 상태의 철을 냉각시켜 제련하는 새로운 기술을 활용하기 시작한 것입니다.

　이와 같은 새로운 철 제련 기술을 토대로 철제 농기구가 널리 확산되었습니다. 경작을 하거나 김을 맬 때 사용하는 괭이를 철로 제작하기 시작했고, 인간보다 힘이 센 소나 말 등 가축의 노동력을 활용하면서 논이나 밭을 가는 도구였던 쟁기 역시 철로 만들어졌습니다. 나무나 석기로 만든 농기구에 비해 효율성이 훨

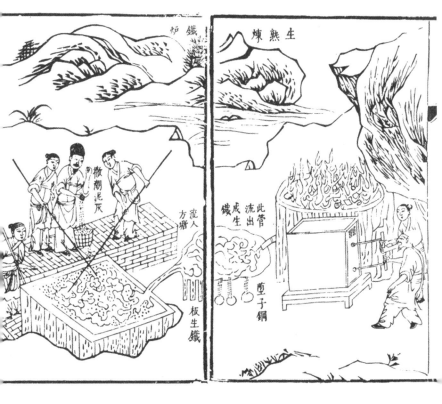

中国의 제련술

씬 높은 철제 농기구를 사용하면서 중국에서는 경지 면적이 점차 확대되기 시작했습니다. 결국 철제 농기구 덕분에 더 많은 식량 생산이 가능했던 것입니다. 반면 유럽에서 중국과 유사한 기술이 개발된 것은 14세기의 일이었습니다.

우리나라에 철기 문화가 보급된 것은 약 기원전 4세기경으로, 당시 중국에서 한반도로 이동했던 이주민들에 의해 전래된 것으로 추정됩니다. 1962년에 발굴된 평안북도 영변군 오리면 세죽리의 유적에서 호미와 괭이, 낫 등의 철제 농기구가 출토되었습니다. 이 유물들은 기원전 2~3세기경의 것으로 추정되는데, 이에 대해 역사학자들은 한반도에서 발전하고 있던 고조선이 중국으로부터 철기 문화를 수용하고 국가를 형성했다고 설명합니다. 기원전 1세기에는 고구려나 동예, 옥저, 부여 등 여러 부족 국가들에도 철기 문화가 급속하게 확산되었습니다.

이 중에서 철기 문화에 가장 많은 영향을 받은 국가는 가야였습니다. 낙동강 하류 지역에 기원전 1세기부터 기원후 6세기까지 존재했던 연맹왕국 가야는 일명 '철의 왕국'입니다. 경상남도 김해 대성동 고분에서는 철정鐵鋌과 철제 갑옷, 철제 재갈 등이 출토되었습니다. 가야에서는 특히 교역이 발달했었는데, 낙랑군이나 대방군뿐만 아니라 일본과도 교역이 활발했습니다. 철정은 이와 같은 교역에서 사용된 화폐로 추정됩니다.

가야뿐만이 아닙니다. 울산광역시에서는 해마다 쇠부리축제가 열립니다. '쇠부리'란 철광석을 녹이고 가공하는 모든 제철 작업을 의미하는데, 이를 일종의 놀이로 승화시킨 것이 바로 쇠부리축제입니다. 울산광역시 북구에 위치한 달천철장은 삼한 시대 때부터 존재해온 철광석 산지입니다. 경주에 위치했던 진한 국가들 중 하나인 사로국이 바로 이 달천철장에서 생산되는 철을 토대로 발전할 수 있었습니다. 철제 농기구·무기 사용과 더불어 소의 노동력을 활용하는 우경이 시작되면서 부와 군사력을 갖춘 사로국은 503년에 국호를 신라로 변경했습니다. 그리고 고구려 및 백제와 경쟁하면서 강대국으로 발전했습니다. 즉, 신라의 발전 역시 철을 토대로 한 것이었습니다.

철은 농경이 시작된 이후 잉여 생산물을 얻기 위해 발생했던 일련의 기술 발전 속에서 도시와 국가가 탄생하는 데 필요한 도구와 무기를 제작하는 매우 중요한 원료였던 것입니다.

6.
글로벌 네트워크의
확대

한 여성이 자신이 낳은 아이를 바구니에 넣어 강물에 띄워 보냅니다. 강에서 물을 긷던 사람이 이 바구니를 발견하고 자신이 데려가 아이를 키웁니다. 많은 사람들이 『구약성경』「출애굽기」 제2장에 등장하는 이스라엘의 종교 지도자인 모세를 떠올릴 것입니다.

하지만 메소포타미아에서 발견된 점토판에 따르면 모세보다 훨씬 이전에 이와 똑같은 탄생 신화를 가진 사람이 있습니다. 바로 사르곤 왕입니다. 여사제였던 어머니가 사르곤을 갈대 바구니에 넣어 유프라테스 강에 흘려 보냈는데, 물을 긷던 사람이 아이를 발견해 하늘의 여왕이자 땅의 여왕인 인안나 여신의 정원사로 길렀습니다. 이후 사르곤은 수메르의 여러 도시국가 가운데 하나인 키시를 통치하던 우르자바바의 총애를 받게 되었습니다. 어느 날 인안나 여신이 우르자바바를 피의 강에 빠뜨려 죽이는 꿈을 꾸게 된 사르곤은 왕이 꿈의 내용을 추궁하자 어쩔 수 없이 사실대로 이야기하고 맙니다. 자신의 운명을 두려워한 왕은 사르곤을 죽이려 하지만, 인안나 여신의 도움을 받은 사르곤이 반대로 왕을 죽이고 스스로 왕이 됩니다. 이후 사르곤은 수메르의 여러 도시국가들을 정복했고, 기원전 2350년에 인류 역사상 최초의 제국인 아카드 제국을 건설했습니다.

사르곤이 메소포타미아 지역을 정복할 수 있었던 것은 무엇보다도 철제 바퀴 때문이었습니다. 바퀴에는 미끄럼마찰을 굴림마찰로 변화시킴으로써 저항을 감소시키고 물체가 이동할 수 있도록 하는 과학적 원리가 적용되어 있습니다. 바퀴가 발명되기 전에는 바닥에 둥근 통나무를 깔아 무거운 짐을 옮겼던 것으로 알려져 있으며, 최초의 바퀴는 기원전 3500년경 메소포타미아 지역에서 통나무를 잘라 둥글게 만든 것이었습니다. 이후 두세 개의 나무 조각들을 연결해 원판을 만들고 고정시킨 바퀴가 등장했습니다. 바퀴는 이후 수레와 결합되면서 더욱 중요해졌

습니다. 바퀴 달린 수레는 물건을 더 많이 옮길 수 있었고 전쟁에

서도 활용되었습니다. 기원전 2500년의 것으로 추정되는 유물,

'우르의 스탠더드Standard of Ur'에는 전쟁에 활용된 전차의 모습이

등장하는데, 우르의 전차는 네 개의 통나무 바퀴를 가지고 있었

습니다.

사르곤이 통치했던 아카드 제국은 전쟁의 기동성을 높이기 위해 새로운 전차를 개발했습니다. 바로 두 개의 바퀴가 달린 이륜 전차입니다. 아카드 제국에서는 전차가 가볍고 빠르게 움직일 수 있도록 통나무 대신 바퀴살을 활용하기 시작했습니다. 바퀴살로 바퀴통과 바퀴테를 연결해 바퀴가 움직이는 힘이 축에 전달되도록 고안되었는데, 이렇게 하자 바퀴살 사이에 빈 공간이 생겨 전차의 무게를 줄일 수 있었습니다. 그 결과, 아카드 제국의 전차는 더 빠르게 움직일 수 있었습니다. 더 나아가 히타이트인들로부터 수용한 제련 기술을 활용해 철로 바퀴 테를 만들었습니다. 철로 만든 바퀴 테 덕분에 이제 아카드 제국은 평지가 아닌 곳에서도 전차를 이용할 수 있었고 장거리 이동도 가능해졌습니다. 이 전차를 기반으로 활발한 정복 전쟁을 통해 메소포타미아 최초의 제국을 건설했던 것입니다.

메소포타미아에 거주하던 힉소스는 기원전 17세기경 이집트를 정복했습니다. '힉소스'라는 말도, 이민족 통치자를 가리키는 고대 이집트어인 '헤까 크세웨트heqa khsewet'라는 단어에서 유래한 것입니다. 그리고 이때 힉소스가 사용한 무기가 바로 아카드 제국에서 개발된 전차였습니다. 말이 이끌고, 바퀴살이 달린 전차 말입니다. 당시 이집트인들은 말이나 전차에 대해 몰랐으나 약 100년 동안 힉소스의 지배를 받으면서 점차 말과 전차에 대해 배우게 되었습니다. 이 시기에 이집트에서는 사정거리가 긴 합성궁composite bow이라는 활이 개발되었고 그로 인해 전차는 더욱 효율적으로 개량될 수 있었습니다. 일반적으로 전차에는 운전수, 궁수, 창수가 탑승했지만, 합성궁의 개발 덕분에 이집트 전차에는 이제 운전수와 궁수만 탑승하게 된 것입니다. 결과적으로 이집트 전차는 더욱 빠른 속도로 이동할 수 있었습니다.

이러한 전차는 기원전 1275년에 발생한 전쟁에서 매우 중요한 역할을 담당했습니다. 오늘날 시리아에 해당하는 카데쉬에서 히타이트와 이집트 사이의 전쟁이 발생했는데, 당시 가장 강력했던 국가들 사이에서 발생한 최대 규모의 전쟁이었습니다. 이집트의 람세스 2세는 4만 명의 군대를 이끌고 원정길에 나섰고, 히타이트의 무와탈리 2세 역시 3만 5,000명의 병력을 이끌고 전쟁에 참전했습니다. 당시 전쟁에 동원된 히타이트의 전차만 약 3,500대로, 카데쉬 전투는 사실상 전차들의 세계대전이었습니다. 결국 전쟁은 무승부로 끝났고 16년이 지나 기원전 1259년에 두 국가는 평화조약을 체결합니다. 군사동맹과 불가침조약 등으로 구성된 이 조약은 현존하는 가장 오래된 평화조약입니다.

기원전 12세기에는 병력을 보호하고 성을 공격하기 위한 새로운 무기가 개발되었습니다. 바로 '공성 망치'입니다. 여섯 개의 바퀴가 달린 철로 만든 차체에 5미터 높이의 탑을 설치하고, 적으로부터 병력을 보호하기 위한 철판을 덧댄 새로운 형태의 전차였습니다. 탑 내부에는 45도 각도의 거대한 철제 망치가 설치되었는데, 앞뒤로만 움직일 수 있었던 기존의 전차와는 달리 공성 망치는 위아래로 움직이면서 성벽을 파괴했습니다.

이렇게 파괴적인 위력을 지닌 철제 무기를 개발한 곳은 바로 아시리아 제국이었습니다. 아시리아 제국은 메소포타미아의 티그리스 강 상류를 중심으로 번성했던 제국으로, 당시 중심 도시였던 아수르에서 그 이름이 유래되었습니다. 이후 아시리아 제국의 공성 망치를 방어하기 위해 다른 국가들의 성문과 성벽이 강화되자, 아리시아 제국은 또 새로운 무기를 개발했습니다. '공성 탑'이라고 불리는 이 무기는 공성 망치를 개량한 것으로, 성을 내려다볼 수 있도록 차체에 20미터 이상의 높은 탑을 설치한 것입니다. 철로 만든 이런 파괴적인 무기들을 토대로 아시리아 제국은 이집트까지 지배할 수 있었습니다.

영화 〈글래디에이터〉에는 로마 제국의 칼, 글라디우스gladius가 등장합니다. 라틴어로 '검'을 뜻하는 글라디우스는 기원전 8세기부터 기원후 476년에 로마 제국이 멸망할 때까지 사용되었습니다. 이 양날검은 보통 1미터 내외로 비교적 길이가 짧았고, 찌르기에 적합하여 로마 군대의 중요한 철제 무기 가운데 하나였습니다. 이베리아반도 중앙에 위치한 톨레도는 유럽에서 오랫동안 유명한 강철 생산지였는데, 바로 이 지역에서 생산된 강철로 글라디우스가 만들어졌습니다. 글라디우스가 '스페인의 검'이라고 불리는 이유도 바로 이 때문입니다.

글라디우스가 발명된 이후 로마 군대에서는 새로운 전술이 등장합니다.

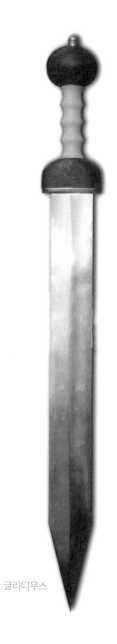

글라디우스

원래 로마 군대는 그리스 군대와 마찬가지로 긴 창과 방패를 사용했는데, 글라디우스가 보급된 기원전 4세기에는 레기온legion이라는 새로운 장갑 보병 밀집대형이 등장했습니다. 가로 12열, 세로 10열로 구성된 방진이 기본 형태였으며 총 3단으로 늘어서 있었습니다. 글라디우스가 근접전에 유리했기 때문에 나타났던 전술의 변화입니다. 이와 같은 전술을 바탕으로 로마 제국은 1세기경 이탈리아반도와 유럽 대부분의 지역뿐만 아니라 아프리카 북부와 메소포타미아 지역까지 정복할 수 있었습니다.

글라디우스가 로마 제국의 검이라면, 무장검arming sword은 기사의 검이었습니다. 기사knight는 원래 무장 기병 전사를 의미하는 용어였지만, 5세기부터 14세기까지는 유럽에서 하나의 신분 계급을 의미하기도 했습니다. 기사의 출현은 아시아의 발명품인 등자 덕분이었습니다. 기원전 2세기경 인도에서 처음 사용되기 시작한 이후 등자는 중국과 우리나라를 비롯한 동북아시아 지역으로 확산되었고, 이후 이슬람을 거쳐 유럽으로까지 전래되었습니다. 등자로 인해 유럽에서는 기마병이 점차 증가했고 이들은 십자가 모형의 무장검을 사용했습니다. 그리고 게르만족이 사용했던 '베는 검'과 로마 군대가 사용했던 '찌르는 검'을 결합시켜 만든 하이브리드 검, 바스타드 소드bastard sword도 등장했습니다. 로마 군대에서 입던 체인 갑옷 '로리카 하마타Iorica hamata'를 개량시켜 사슬 갑옷이나 판금 갑옷을 만들기도 했습니다. 특히 기사의 판금 갑옷은 0.2~0.45퍼센트 내외의 탄소가 함유된 철과 탄소의 합금으로 만들어졌는데, 녹이 잘 슬지 않고 강도가 매우 우수해 전쟁에서 유리했습니다.

1096년에 서유럽에서는 매우 상징적인 전쟁이 발발했습니다. 당시 교황이었던 우르바누스 2세는 서유럽 전역을 순회하면서 이 전쟁의 필요성을 역설했습니다. 이슬람교도로부터 성도 예루살렘과 성지 팔레스티나를 탈환하기 위해 총 여덟 차례에 걸쳐 발발했던 전쟁, 바로 십자군 전쟁입니다. 교황과 교회 그리고 기독교의 권위를 높이기 위해 시작되었지만, 십자군 전쟁에는 인도와 동남아시아에서 재배하는 향신료를 수입해 유럽의 경제적 이익을 극대화하려는 목적도 존재했습니다.

당시 이슬람 군대는 '다마스쿠스 검Damascus blade'을 사용했는데, 유럽의 어느 검보다도 얇고 가볍고 심지어 아름다웠기 때문에 유럽에서는 악마가 이슬람 군대에게 다마스쿠스 검의 제조법을 알려주었다는 소문이 만연하기도 했습니다. 하지만 이 검은 인도에서 생산된 철로 만들어진 것이었습니다. 인도에서는 도가니에 철과 유리 등을 담아 계절풍을 이용해 철을 제련했는데, 다마스쿠스 검도 바로 이와 같은 제강법으로 만들어졌습니다. 검을 만들 때 탄소 함유량이 많으면 강도가 높은 대신 탄력성이 떨어지고, 탄소 함유량이 적으면 강도가 낮아지고 검이 무뎌집니다. 그런데 다마스쿠스 검은 탄소 함유량이 높은 부분과 낮은 부분이 층상구조를 이루고 있어 강도도 높고 탄력성 또한 뛰어났습니다. 결국 이와 같은 검을 가진 이슬람 군대가 십자군 전쟁에서 승리할 수 있었고, 유럽에서는 교황과 교회의 권위가 점차 하락하면서 르네상스나 종교개혁과 같은 새로운 움직임이 나타나기 시작했습니다.

✦

향신료나 설탕, 차 등과 같이 아시아에서 생산되는 상품들을 수입하여 경제적 이윤을 창출하려는 유럽인들의 열망은 더욱 커져갔습니다. 이제 유럽인들은 이슬람을 거치지 않고 바다를 통해 직접 아시아로 가서 다양하고 귀중한 상품들을 수입해 오고자 했습니다. 이와 같은 열망은 아시아를 향한 항로 개척의 중요한 원동력이었고, 15세기 후반이 되자 아시아로 향하는 항해들이 시작되었습니다. 하지만 유럽인들보다 이미 한 세기 앞선 시기 중국에서 대규모의 항해가 있었는데, 바로 '정화의 원정'입니다.

명나라의 2대 황제였던 건문제는 황제의 권위를 강화시키기 위해 당시 각 지방의 왕으로 있던 숙부들의 권력을 약화시키고자 했습니다. 이에 1399년에 숙부였던 연왕이 반란을 일으켜 건문제를 몰아내고 자신이 황제로 즉위했는데, 이 사람이 바로 영락제입니다. 황제가 된 영락제는 내관태감 정화에게 엄청난 규모의 원정을 명령했습니다. 원정의 목적을 둘러싸고는 역사학자들 사이에서 다양한 의견이 제시되고 있지만 명나라의 위세와 중화중심주의를 확대시키기 위한 것이라는 주장이 그중 가장 설득력을 얻고 있습니다. 목적이 무엇이었든 간에 1405년부터 1433년까지 총 일곱 차례에 걸쳐 시행된 정화의 원정은 중국 남해 지역과 동남아시아, 인도, 아라비아반도, 심지어는 아프리카 동쪽 해안 지역까지 뻗어나갔습니다. 그야말로 '아프로-유라시아 네트워크를 연결하는 광범위한 원정'이라고 할 수 있습니다.

정화의 원정은 규모 면에서도 매우 주목할 만합니다. 첫 번째 원정에서는 317척의 선박이 동원되었고, 선박에 탑승한 승무원의 수가 3만 명에 달했습니다. 1492년에 인도로 가려다가 오늘날 카리브 연안에 도착했던 크리스토퍼 콜럼버스의 항해*가 3척의 선박과 120명의 선원들이 전부였던 것과 비교해본다면, 실로 엄청난 규모의 항해입니다. 그리고 이 항해에서 중국인들이 사용했던 것 가운데 한 가지가 바로 나침반입니다. 자침을 이용해 방위를 알 수 있는 도구인 나침반은 1세기경 중국에서 처음 사용되기 시작했습니다. 이후 송나라 때부터 항해에 나침반을 이용했으며, 유럽에는 13세기 말이 되어서야 몽골 제국을 방문했던 마르코 폴로에 의해 나침반이 전해지게 됩니다.

15세기 말이 되자 유럽에서도 나침반을 사용해 아시아로 항해하려는 시도가 등장했습니다. 이와 같은 항해에 가장 적극적인 역할을 담당했던 국가는 바로 포르투갈이었습니다. 포르투갈의 왕자였던 엔히크는 아프리카 동쪽 지역에서 이슬람을 통

● 지금까지 많은 역사학자들이 콜럼버스가 아메리카를 발견했다고 생각하며 '콜럼버스의 (신대륙) 발견'이라는 용어를 빈번하게 사용해 왔습니다. 그러나 콜럼버스는 결코 아메리카를 발견한 것이 아닙니다. 15세기 말에 콜럼버스를 비롯한 유럽인들이 아메리카로 이동했을 때, 그곳에는 이미 수천만 명의 아메리카 원주민들이 막강한 권력과 부를 축적한 제국을 형성하면서 살고 있었기 때문입니다. 콜럼버스가 아메리카에 도착한 최초의 유럽인인 것도 아닙니다. 10세기에서 11세기 동안 스칸디나비아 지역에 살고 있던 바이킹들은 인구가 증가하고 식량이 부족해지자, 오늘날 캐나다 뉴펀들랜드 지역으로 이주해 식민지를 형성하고 한동안 정착 생활을 영위했었습니다.

해 후추나 정향과 같은 향신료가 교역된다는 사실을 알게 되었습니다. 이에 그는 아프리카 동쪽으로 향하는 항해를 구상했고, 이를 위해 수학자와 천문학자, 항해자와 지도 제작자들을 적극적으로 후원했습니다.

그리고 1487년, 포르투갈의 선장 바르톨로뮤 디아스가 에티오피아로 가기 위한 항해를 시작했습니다. 그는 아프리카 케이프타운 남쪽에 위치한 '폭풍의 곶'을 발견했는데, 이후 포르투갈의 국왕이 이곳을 '희망봉'이라고 불렀습니다. 그리고 1497년에는 리스본을 떠나 인도로 가는 항해가 시작되었습니다. 바스쿠 다 가마가 이끄는 항해단은 자침과 방위표를 하나로 만들어 운반이 가능한 나침반을 이용해 다음 해 5월 인도 캘리컷에 도착하게 됩니다. 유럽인으로서는 최초로 아프리카 남단을 돌아 인도에 도착한 것입니다. 하지만 당시 이슬람과의 교역을 통해 엄청난 부를 축적했던 캘리컷의 통치자에게는 포르투갈 국왕이 보낸 유럽산 선물들이 눈에 차지 않았고, 결국 직접 교역은 실패로 돌아갑니다. 그럼에도 불구하고 나침반을 활용한 유럽인들의 아시아 항해는 결코 중단되지 않았습니다. 오히려 유럽인들의 열망은 더욱 가속화되었고, 이런 시대적 상황 속에서 새로운 지역이 아프로-유라시아 네트워크에 편입되게 됩니다.

콜럼버스는 자신의 업적을 폄하하는 사람들에게 달걀을 테이블 위에 세워보라 했습니다. 어느 누구도 달걀을 세우지 못하자 콜럼버스는 달걀 끝을 살짝 깨뜨려 세우는 것을 보여주었다고 합니다. 그리고 "누군가를 따라 하는 것은 쉬운 일이지만, 무슨 일이든 처음 하는 것은 어려운 일"이라고 역설했습니다. 발상의 전환을 이야기할 때 사용되는 '콜럼버스의 달걀'이라는 표현이 만들어진 일화입니다.

1492년 8월에 콜럼버스는 스페인을 출발해 아시아로 향하는 항해를 시작했습니다. 이 항해에서 그 역시 나침반을 활용했는데, 항해 도중 나침반의 북극과 남극이 11.5도 정도 기울어져 나침반의 자침이 예상과는 다른 방향을 가리키는 것을 발견합니다. 이와 같은 현상은 지구자기장이 수평면과 이루는 각인 '복각' 때문에 발생합니다. 지구의 복각 덕분에 16세기 영국 물리학자 윌리엄 길버트를 통해 '지구가 하나의 자석'이라는 주장이 나올 수 있었고, 이후 많은 과학자들이 이와 같은 개념을 수용했습니다.

예상과 다른 나침반의 방향은 항해에 참여한 선원들의 불안감을 증폭시켰습니다. 유럽으로 돌아갈 것을 주장하는 선원들을 회유하고 독려하면서 콜럼버스는 결국 1492년 10월 12일, 마침내 육지에 도달했습니다. 그런데 육지에 도달한 콜럼버스는 자신이 도착한 지역이 인도라고 생각하고 처음 만난 원주민들을 '인디언'이라고 불렀습니다. 실제로 그가 도착한 곳은 인도가 아니라 오늘날 카리브 해 연안이었습니다. 따라서 오늘날 이 지역을 '서인도제도'라고 부르는 것도, 이 지역 원주민들을 '인디언'이라고 부르는 것도 모두 잘못된 표현인 것입니다. 오늘날 미국에서는 10월 12일을 '콜럼버스의 날'로 지정하고 유럽인들이 아메리카에 도착한 것을 기념합니다. 이와 같은 기념 방식은 사실 콜럼버스 이후 유럽인들이 아메리카로 이주하면서 발생했던 수많은 변화와 끔찍한 재난들을 전혀 고려하지 않은 것이라고 할 수 있습니다.

16세기 초, 유럽인들이 아메리카로 이주한 이후 매우 끔찍한 사건이 발생합니다. 아메리카의 두 제국이 몰락한 것입니다. 먼저, 스페인 정복자였던 에르난 코르테스가 1519년 아즈텍 제국을 멸망시켰습니다. 아즈텍 제국은 13세기부터 16세기 초까지 멕시코 중앙고원에 위치했던 제국입니다. 당시 코르테스는 대포를 사용해 아즈텍 제국을 파괴하였습니다. 1128년 중국에서 금속으로 만들어진 불창이 개발되고, 이후 청동과 철로도 만들어지면서 파괴력이 강화되었습니다. 특히 코르테스가 사용한 대포는 포탄을 돌이 아닌 철로 만들었기 때문에 그 파괴력은 실로 어마어마했습니다. 결국 대포의 위력 앞에 아즈텍 제국의 부는 스페인 정복자들에게 약탈되었고 제국은 몰락하고 맙니다.

1533년에는 잉카 제국이 몰락했습니다. 프란시스코 피사로는 당시 잉카 제국의 황제였던 아타우알파를 인질로 잡아 엄청

스페인의 화승총

난 금과 은을 얻었고, 결국은 황제마저도 처형시키고 제국을 점령해 더 많은 부와 권력을 얻었습니다. 코르테스와 마찬가지로 피사로 역시 철로 만든 대포를 사용했으며, 당시 유럽에서 발명된 화승총도 사용했습니다. 이는 참나무와 철로 만들어진 것으로, 당시 화승총을 처음 본 아메리카 원주민들이 '불을 뿜는 철 막대기'에 매우 놀랐다는 기록이 전해지기도 합니다. 철로 만든 총과 대포는 당시 별다른 전쟁 무기를 가지고 있지 않았던 아메리카의 두 제국이 몰락하는 데 중요한 역할을 담당했습니다. 그뿐만 아니라 유럽인들과 함께 아메리카로 이동한 천연두로 인해 이후 한 세기 동안 아메리카 원주민들의 인구가 90퍼센트 이상 감소했습니다.

인류 역사에서 등장한 제국들은 더 많은 영토와 부를 얻기 위해 다양한 전쟁 무기들을 개발했고 철은 이와 같은 무기 개발을 더욱 가속시켰습니다. 그리고 더 많은 부와 권력을 얻기 위해 유럽인들은 아시아로의 항해를 시작했고, 이는 결과적으로 당시 유럽인들이 인지하지 못하고 있던 세계를 유럽의 식민지로 만들었습니다. 15세기 이후 아메리카가 아프로-유라시아 네트워크와 결합하면서 유럽은 점차 글로벌 네트워크의 중심부로 이동하기 시작했고, 이때 철로 만든 무기들은 유럽이 전 세계적인 패권을 가질 수 있었던 중요한 원동력이었습니다.

7.
금속활자와
혁명

 1517년 10월 31일, 독일 중부에 위치한 비텐베르크 성의 교회 문에 반박문이 붙었습니다. 이 반박문은 총 95개의 조항으로 구성되어 있어 훗날 「95개조 반박문」으로 불리게 됩니다. 이 가운데 중요한 내용을 살펴보면 다음과 같습니다.

 2. 〔예수 그리스도께서 말씀하신〕 회개는 고해성사나 사제가 집행하는 고해 및 속죄의 행위로 이해해서는 안 된다.

 6. 교황은 스스로 죄를 사할 수 없으며, 단지 죄가 하나님에 의해 사하여졌다는 것을 선언하거나 확증할 수 있을 따름이다. 기껏

해야 교황은 자신의 직권에 맡겨진 경우에 대해 죄를 사할 수 있을 뿐이다. 이러한 경우들을 제외하고 죄는 그대로 남는다.

21. 그러므로 교황의 면죄부로 인간이 모든 형벌에서 벗어나 구원을 받는다고 말하면서 면죄부를 판매하는 설교자들은 오류에 빠져 있다.

36. 진정으로 회개하는 그리스도인은 누구든지 형벌과 죄로부터 완전함을 누리게 되는데, 이는 면죄부 없이 주어진다.

반박문을 붙인 사람은 바로 독일 종교개혁자인 마르틴 루터였습니다. 루터는 원래 성서를 공부하고 가르치는 신부였는데, 그가 신부가 된 데에는 재미있는 일화가 있습니다. 원래 부모님의 바람대로 법학을 공부했던 루터는 대학에서 집에 다녀오는 길에 폭풍이 치면서 벼락에 맞을 뻔하는 일을 경험했습니다. 깜짝 놀란 그는 자신의 죄를 고백하고 자신을 살려주면 주님의 일꾼이 되겠노라 맹세했다고 합니다. 그리고 아우구스투스 수도원으로 들어가 사제 서품을 받고 신부가 된 것입니다.

당시 가톨릭교회는 상당히 부패하고 타락해 있었습니다. 이와 같은 교회의 부패를 가장 잘 보여주는 것이 바로 면죄부 판매입니다. 면죄부는 죄를 면하여주는 증서인데, 금전이나 재물을 바친 사람들에게만 교부돼 교회의 재정을 충당하는 데에 쓰였습니다. 9세기경 교황 레오 3세 때 처음 발행되었고, 16세기 초 교황 레오 10세 때가 되면 대량으로 교부됩니다. 교황과 교회의 권위를 드높이기 위해 성 베드로 성당을 수리하고 개축하는 데 필요한 비용과 교회의 빚을 충당하기 위해서였습니다. 이와 같은 교회의 부패에 실망한 루터는「95개조 반박문」을 게시하면서 가톨릭교회의 개혁을 주장했습니다.

루터의「95개조 반박문」은 곧 독일 전역으로 배부되었습니다. 이는 구텐베르크가 발명한 활판인쇄기 덕분이었습니다. 용해된 금속을 틀에 붓고 원하는 모양대로 만드는 것을 주물casting이라고 합니다. 그리고 주물에 사용되는 틀을 주형mold이라고 부릅니다. 구텐베르크는 주형과 활자주조기를 만들고, 납과 주석을 녹여 금속활자를 만들었습니다. 이때 주형과 활자주조기를 만들기 위해 그가 사용한 것은 바로 주철cast iron이었습니다.

금속을 가열하면 녹아서 액체가 되는 온도를 '용융 온도'라고 합니다. 탄소 함유량이 3~3.6퍼센트 정도 되는 주철의 용융 온도는 약 1,150도 정도로, 1,500도 이상에서 녹는 선철보다 낮습니다. 용융 온도가 낮으면 유동성이 증가하면서 복잡한 형태로도 주조할 수 있게 됩니다. 이러한 점 때문에 구텐베르크는 활자

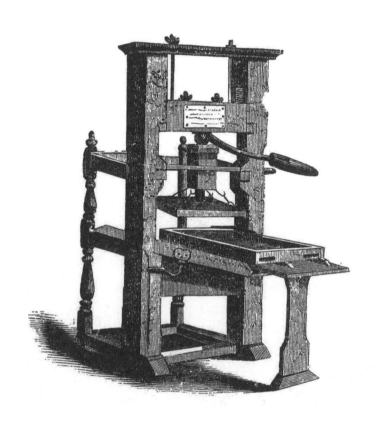

구텐베르크의 활판인쇄기

주조기를 제작하는 데 주철을 사용한 것입니다. 주철로 만든 활자주조기는 압축력도 강했기 때문에 프레스를 이용해 종이에 찍어낼 수 있었습니다.

구텐베르크의 활판인쇄기가 가장 먼저 인쇄한 것은 바로 성경이었습니다. 한 페이지에 42줄로 인쇄되어 있어 흔히 '42행 성경'이라고도 불리는 라틴어 성경이었습니다. 이전까지 성경은 특정 계급의 소유물이었습니다. 성직자와 귀족 그리고 지식인들만이 라틴어로 쓰인 성경을 읽을 수 있었을뿐더러 유럽에서는 오랫동안 종이 대신 값비싼 양피지가 사용되었기 때문에 성경책의 값이 매우 비쌌습니다. 종이는 2세기경 중국에서 처음 만들어져 751년에 중국과 이슬람 사이에서 벌어진 탈라스 전투를 계기로 중앙아시아와 이슬람으로 확산되었습니다. 유럽에 종이가 전파된 것은 약 10세기경인데, 당시 유럽인들은 종이를 이교도인 이슬람을 통해 전해진 것으로 간주해서 별다른 관심을 가지지 않았습니다. 하지만 활판인쇄기가 양피지보다 저렴하고 생산하기 쉬운 종이와 결합하면서 이제 성경은 더 많이 생산되고 유통될 수 있게 되었습니다.

1521년 3월, 루터는 보름스 회의에 출두해 당시 황제였던 카를 5세 앞에서 교회에 대한 자신의 비판과 주장을 꿋꿋이 이어갔습니다. 이미 독일에서만 50만 부 이상의 반박문이 대중들에게 배부되었기 때문에, 루터는 많은 사람들이 자신의 주장을 지지한다고 생각했습니다. 그럼에도 불구하고 신변의 위협을 느낀 그는 바르트부르크로 피신했고, 이곳에서 그리스어와 라틴어로 쓰인 신약성경을 독일어로 번역하기 시작했습니다. 그리고 루터가 번역한 독일어 성경은 급속하게 대중들에게 확산되었습니다. 활판인쇄기 덕분에 독일 전역으로 확산된 것은 비단 루터의 「95개조 반박문」만이 아니었던 것입니다. 이제 독일에서는 누구나 성경을 읽고 해석할 수 있게 되었습니다. 이와 같은 사회적 분위기 속에서 루터는 '오직 성경만'을 강조하면서 가톨릭교회의 권위를 부정했습니다. 그의 주장은 울리히 츠빙글리나 장 칼뱅을 중심으로 스위스에서 발생한 종교개혁에도 영향을 미쳤고, 결국 가톨릭으로부터 새로운 종교 분파들이 발생하는 데 중요한 역할을 담당했습니다. 활판인쇄기가 없었다면 불가능했을 것입니다.

✛

G7은 세계 경제의 방향과 국가별 경제정책을 논의하기 위한 7개 국가의 모임입니다. 미국, 영국, 프랑스, 독일, 이탈리아, 캐

나다 그리고 일본이 회원국입니다. 1997년 독일 베를린에서 열린 G7회담에서 당시 미국의 부통령 앨 고어는 다음과 같은 이야기를 했습니다.

"세계 최초로 금속활자를 발명하고 사용한 것은 한국이지만, 인류 역사에 영향력을 미친 것은 독일의 금속활자이다."

고어가 말한 것처럼 우리나라의 인쇄술 역사는 매우 오래되었습니다. 세계에서 가장 오래된 인쇄물은 8세기경 우리나라에서 제작된 『무구정광대다라니경』으로, 목판인쇄술을 이용해 만든 것이었습니다. 우리나라의 대표적인 목판인쇄물로는 『팔만대장경』을 들 수 있습니다. 부처의 힘으로 외세를 물리치기 위해 제작된 『팔만대장경』의 경판은 총 8만 1,258개입니다. 자작나무를 바닷물에 담갔다가 말리고 다시 가마솥에 넣고 찝니다. 그런 다음 다시 말려서 옻칠을 하고 글자를 새깁니다. 이런 복잡한 절차를 따라 만들었는데도 목판은 쉽게 뒤틀렸고, 한 글자라도 잘못새기면 판 전체를 새로 만들어야 한다는 단점이 뒤따랐습니다.

이와 같은 목판인쇄술의 단점을 보완하기 위해 만들어진 것이 바로 금속활자입니다. 구리와 주석을 혼합하여 만든 합금인

청동, 납, 철 등의 금속으로 만들어졌기 때문에 영구적인 보관이 가능했고, 판 전체에 글자를 새겼던 목판과는 달리 한 글자씩 활자본을 만들어 조합했기 때문에 제작 과정 역시 훨씬 간단했습니다. 이와 같은 금속활자를 이용해 만든 것이 세계에서 가장 오래된 금속활자 인쇄본, 『직지』입니다. 『직지』의 원래 이름은 『백운화상초록불조직지심체요절』로, 고려 말 승려였던 백운화상이 경전과 법문의 좋은 구절들을 모아 편집한 것입니다. 충청북도 청주시에 위치한 흥덕사에서 이 서적의 금속활자본을 인쇄했습니다. 이때가 1377년이었다고 하니, 구텐베르크보다 약 70년 정도 먼저 금속활자를 만들었음을 알 수 있습니다.

이 시기 고려에서는 철과 구리의 생산량이 많았습니다. 하지만 구리는 철에 비해 잘 깨지기 때문에 주석이나 아연과 합금해서 사용해야 합니다. 따라서 무기나 농기구를 제작할 때는 철이 많이 사용되었습니다. 병기 제조를 관장하는 관청인 군기감에서뿐만 아니라 지방의 주요 도시들에서도 철제 무기를 제조하면서 막대한 양의 철이 사용되었습니다. 『직지』를 인쇄한 금속활자 역시 철로 만들어진 것이었습니다. 당시 『직지』를 인쇄한 청주 흥덕사 주변 지역에서는 철이 많이 생산되었습니다. 청주에서는 7세기인 삼국시대부터 이미 제철과 관련된 기술들이 발

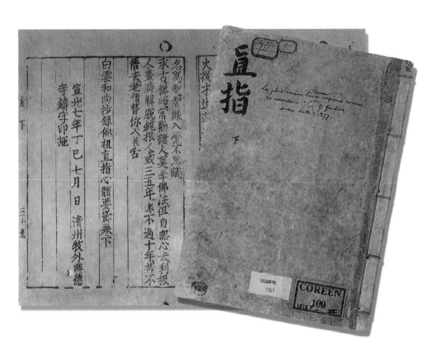

직지

달했었는데, 바로 이 철을 사용해 세계 최초의 금속활자를 만들었던 것입니다.

✝

유럽에서 발달한 활판인쇄술이 종교개혁만 야기했던 것은 아니었습니다. 1776년 1월, 필라델피아에서는 북아메리카 역사상 가장 중요한 소책자가 출판되었습니다. 바로 토머스 페인의『상식』입니다. 총 47페이지에 불과한 이 소책자는 3개월 만에 12만 부 이상이 팔렸습니다. 페인이『상식』에서 주장한 것은 바로 영국의 왕 대신 법이 군림하는 '자유로운 아메리카 독립국'을 수립하는 것이었습니다. 16세기 초 영국인들은 경제적 지위 향상과 종교적 자유를 찾아 아메리카로 이주했고, 1세기쯤이 지나자 총 13개의 식민지가 형성되었습니다. 식민지에 대한 영국의 경제정책은 본국의 경제적 이익을 극대화시키는 중상주의 정책을 토대로 하고 있었기 때문에 식민지의 독자적인 공업 발달을 엄격하게 규제했습니다. 그 예로 1750년에 제정된「제조공업법 Manufacturing Acts」은 식민지의 제철 공장 설립을 금지했습니다.

영국은 프렌치·인디언 전쟁 때문에 막대한 전쟁 경비를 지출하면서 식민지로부터 더 많은 세금을 걷고자 했습니다. 가장 대표적인 것이 1764년 4월에 제정된 「설탕법Sugar Act」인데, 설탕과 커피 등에 새로운 수입관세를 부과하는 법이었습니다. 이뿐만 아니라 1765년 3월에는 「인지세법Stamp Act」을 새로 제정해 식민지의 모든 문서, 신문, 출판물에 수입인지를 붙임으로써 더 많은 세금을 징수하고자 했습니다. 자연스럽게 영국의 과세 정책에 반대하는 움직임은 식민지 전체로 확산되었고, 결국 '대표 없는 곳에 과세할 수 없다'라는 주장이 제기되기에 이르렀습니다. 식민지의 이와 같은 분위기에도 불구하고, 유리나 종이, 차, 철 등에 수입관세를 부과하고 그 세입의 일부로 식민지 총독과 관리들의 급여를 지불하고자 하는 「타운센드법Townshend Acts」이 1767년 6월에 제정되었습니다. 이제 영국에 대한 반감은 운동이 되어 더욱 널리 확산되기 시작했습니다.

그리고 1773년 5월에 제정된 「차세법Tea Act」은 영국 동인도 회사에게 차 독점 판매권을 위탁함으로써 모든 식민지인들이 동인도 회사를 통해 차를 구매하도록 했습니다. 부당한 법 앞에 결국 분노한 식민지인들은 보스턴 항에 정박 중이던 동인도 회사의 선박에 실린 차 상자를 바닷속에 던져버렸습니다. 이 사건이 바로 '보스턴 차 사건Boston Tea Party'입니다.

보스턴 차 사건 이후 영국은 식민지에 경제·군사적 보복을 시행했습니다. 그리고 1775년 4월 19일, 매사추세츠 민병대와 영국군이 렉싱턴과 콩코드에서 무력 충돌을 벌이면서 미국의 독립혁명이 시작되었습니다. 독립혁명이 시작되었지만 당시 많은 식민지인들은 영국과의 전쟁에 반대했습니다. 평화를 원했기 때문입니다. 이때 혁명과 전쟁에 반대하는 사람들에게 영국으로부터 분리되어 새로운 독립국가를 형성할 것을 강력하게 촉구했던 것이 바로 페인의『상식』입니다.

마침내 1776년 7월 4일, 13개 주 대표들이 모인 대륙회의는 하나의 문서를 발표했습니다. 토머스 제퍼슨이 초안을 작성했던 이 문서가 바로「독립 선언문」입니다.「독립 선언문」에는 인간의 평등과 기본적인 인권, 인민의 동의에 의한 정부 조직, 혁명권 등이 언급되었는데, 이와 같은 내용들은 당시 영국 계몽주의자였던 존 로크의 사상으로부터 영향을 받은 것이었습니다. 식민지인들이 이와 같은 사상을 접하고 이해할 수 있었던 것은 궁극적으로 철로 만든 활판인쇄술 덕분이었습니다. 활판인쇄술이 식민지인들 사이에서 여론을 형성하고 독립혁명을 통해 새로운 독립국가가 탄생하는 데 중요한 역할을 담당했던 것입니다.

1751년 프랑스 파리에서 첫 권이 출판된『백과전서』는 역사상 가장 출판이 힘들었던 책이었습니다. 총 28권으로 구성된『백과전서』가 출판되는 데에는 총 21년이 걸렸습니다. 당시 교회와 국가에서『백과전서』에 실린 내용들이 급진적이고 혁명적이며 무신론적이라고 판단했기 때문입니다. 하지만 이 책의 공동편집인이었던 철학자 드니 디드로와 계몽주의자 달랑베르는『백과전서』의 목적이 단지 지식을 모아놓는 것이 아니라 사람들의 생각을 변화시키는 것이라고 강조했습니다. 이와 같이 생각이 변화하면 당시 프랑스 사회에 만연해 있던 모순과 문제들을 근대적인 방식, 즉 이성을 토대로 하는 방식으로 해결하는 데 도움이 될 것이라고 생각한 것입니다. 그리고 실제로『백과전서』는 프랑스혁명의 사상적 배경이 되었습니다.

『백과전서』와 더불어 1762년에 네덜란드에서 출판된 루소의 『사회계약론』도 프랑스인들에게 큰 영향을 주었습니다. 루소는 자신의 저서에서 사회나 국가는 구성원들 간의 계약을 통해 수립되었기 때문에 주권은 인민에게 있다고 주장했습니다. 이와 같은 급진적인 사상들이 활판인쇄술을 통해 프랑스 전역으로 확산되었고, 결국 신분제도와 재정 문제 등 '구체제의 모순ancien régime'을 해결하기 위한 혁명이 발생했습니다. 활판인쇄술이 프랑스혁명에도 많은 영향을 미친 것입니다.

자유, 평등, 박애를 강조했던 프랑스혁명의 사상은 유럽의 여러 나라들로 급속하게 확산되었습니다. 그리고 유럽을 넘어 카리브 해 연안에 위치한 한 섬에도 영향을 미치게 됩니다. 15세기 말 콜럼버스의 항해 이후 카리브 해 연안으로 이주한 유럽인들은 사탕수수 플랜테이션 농장을 세웠습니다. '플랜테이션 농장'은 상품적 가치가 높은 사탕수수나 담배, 면화 등의 작물을 대규모로 재배하는 농장을 의미합니다. 따라서 무엇보다도 노동력이 중요해졌습니다. 처음 유럽인들이 플랜테이션 농장을 세웠을 때에는 아메리카 원주민들이나 유럽에서 이주한 노동자들이 주로 이곳에서 일했습니다. 그러나 유럽인들과 함께 아메리카로 옮겨 온 전염병 때문에 아메리카 원주민들의 수가 급감하자, 플랜테이션 농장주들은 새로운 노동력을 창출해야만 했습니다. 이때 이들이 선택한 노동력이 바로 아프리카 서부 해안 지역에 살고 있던 원주민들이었습니다. 노예 사냥꾼들이 아프리카 원주민들을 납치해 노예로 아메리카에 끌고 오기 시작한 것입니다.

이와 같은 노예무역은 당시 아메리카와 유럽, 아프리카를 연결하는 삼각무역에서 매우 중요한 역할을 담당했습니다. 아메리카로 강제 이주한 노예들이 플랜테이션에서 생산한 설탕과

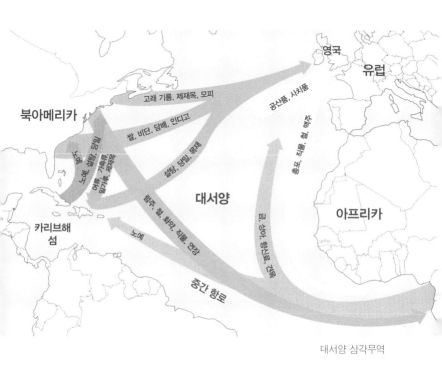

영국
유럽
북아메리카
고래 기름, 제재목, 모피
공산품, 사치품
쌀, 비단, 담배, 인디고
총포, 직물, 철, 맥주
설탕, 당밀, 목재
노예, 설탕, 당밀
대서양
아프리카
어류, 가축류,
말가루, 제재목
카리브해
섬
럼주, 철, 화약, 직물, 연장
노예
럼주, 철, 화약, 직물, 연장
노예, 상아, 황산료, 견본
중간 항로

대서양 삼각무역

면화, 담배 등이 유럽으로 수출되었고, 유럽에서는 이와 같은 상품들을 비싼 가격으로 판매하여 경제적 이윤을 창출했습니다. 그리고 유럽에서 강철로 제작한 총이나 대포 등의 신식 무기들을 아프리카 노예 사냥꾼들에게 제공함으로써 더 많은 노예들을 아메리카로 데려왔습니다. 당시 프랑스의 식민지였던 카리브 해의 생도맹그에는 사탕수수 플랜테이션 농장이 설립되어 있었는데, 이곳에서 창출되는 경제적 이익이 무려 프랑스 국부의 4분의 1에 달했습니다. 생도맹그는 당시 노예무역의 중심지이기도 했습니다. 79만 명의 아프리카 원주민들이 생도맹그의 플랜테이션 농장에서 일했는데, 이는 1783년부터 1791년 사이의 노예무역에서 거래된 노예의 3분의 1에 해당하는 수입니다.

프랑스혁명 기간 동안 제창된 「인간과 시민의 권리 선언」, 일명 「인권 선언」에서는 모든 사람들이 태어날 때부터 자유롭고 평등하다고 선언하고 있습니다. 이와 같은 혁명 정신은 생도맹그의 흑인 노예들에게도 전파되었습니다. 당시 생도맹그의 흑인 지휘관이었던 투생 루베르튀르는 백인 농장주와 흑인 노예의 평등을 역설하면서 마침내 이곳의 흑인 노예들을 해방시켰습니다. 그리고 루베르튀르의 노예 해방 이후 프랑스는 해외 식민지에서의 노예제를 폐지하게 됩니다. 프랑스혁명으로부터 영향을 받은 생도맹그의 혁명이 다시 프랑스에 영향을 미친 것입니다. 1804년 1월 1일, 생도맹그는 드디어 '아이티공화국'이 되었습니다. 역사상 최초로 흑인 노예들이 지배하는 공화국이 수립된 것입니다. 이후 영국 역시 노예무역을 폐지하면서 노예무역은 점차 감소하기 시작했습니다. 그리고 마침내 미국 내전*이 한창이었던 1861년 1월 1일, 당시 미국 대통령이었던 에이브러햄 링컨이 미국 사회의 노예제를 폐지하기 위해 「노예 해방 선언」을 발표했습니다.

● 19세기 미국이 서부로 팽창하면서, 연방에 새로 가입하는 주들을 '노예주'와 '자유주' 가운데 어떤 성격의 주로 가입시킬 것인지를 둘러싼 정치적 갈등이 심화되었습니다. 이와 더불어 상공업이 발달했던 북부와 농업이 발달했던 남부가 추구하는 정치·경제적 목적이나 수단이 서로 달라, 미국 연방은 점차 분열되기 시작했습니다. 1860년 대통령 선거에서 공화당 후보였던 에이브러햄 링컨이 당선되자 사우스캐롤라이나 주를 시작으로 남부의 일곱 개 주가 연방을 탈퇴하여 남부 연합(Confederate Sates of America)을 형성했습니다. 그리고 결국 1861년 4월 12일, 남부 연합군이 연방군의 기지인 사우스캐롤라이나 섬터 요새를 함락시키면서 북부와 남부 사이의 전쟁이 발생했습니다. 흔히 '남북 전쟁'이라고 부르지만, 이 전쟁은 미국 연방에서 분열된 두 세력 간의 전쟁이기 때문에 '내전'의 성격을 띱니다. 이에 따라 오늘날 많은 역사학자들은 '남북 전쟁'보다 '미국 내전'이라는 말을 사용하고 있습니다.

주철로 만든 활판인쇄기 덕분에 사상과 지식이 더욱 광범위한 계층으로까지 확산되고, 대중이 여론을 형성하기 시작했던 것입니다. 그리고 이것이 유럽과 아메리카를 근본적으로 바꾼 일련의 혁명들로 연결되었습니다.

8.
산업혁명과
철도

한평생을 직물 공장에서 일한 사람이 있습니다. 하지만 직장에서 해고되고 나서 그에게 남은 것은 빈곤뿐이었습니다. 아내가 집을 나간 후 새로운 여성과 사랑에 빠지지만, 그가 처한 현실은 계속 암담하기만 합니다. 그에게 사랑이나 미래에 대한 희망은 모두 사치일 뿐입니다. 영국 소설가 찰스 디킨스의 소설『어려운 시절』의 내용입니다. 디킨스는 당시 영국 사회가 직면했던 모순과 어두운 면을 비판하는 작품들을 집필하곤 했습니다. 작품을 통해 그는 자본주의가 발전함에 따라 빈부 격차가 더욱 극심해지고, 생존을 위해 도시로 모여든 빈민들이 외면받으면서

경험하게 되는 경제·사회·정치적 불평등에 대해 신랄하게 비판했습니다.『어려운 시절』역시 공장에서 최저임금을 받고 일하는 노동자들이 인간다운 삶을 박탈당하고 무기력한 존재로 전락하는 사회적 현실을 묘사하면서 영국 사회를 비판하고 있습

18세기 중반 영국의 산업혁명

니다.

　18세기 중반에 영국에서 발생했던 기술혁신을 토대로 사회·경제적으로 나타난 일련의 변화들을 '산업혁명'이라고 부릅니다. 석탄이라는 새로운 동력을 사용하고 다양한 기계들이 발명되면서 생산방식에 변화가 나타났습니다. 과거에는 소규모로 생산되던 상품들이 이제 공장에서 대량으로 생산되기 시작했고, 자본가와 노동자라는 새로운 사회 계급이 나타났습니다. 그리고 이와 같은 변화들과 더불어 근대사회가 시작되었습니다.

하지만 많은 역사학자들이 주장해온 것처럼 산업혁명이 영국을 비롯한 서유럽 일부 국가들의 우월성을 보여주는 역사적 현상은 아닙니다. 18세기 중반까지 전 세계에서 가장 부유했던 국가는 사실 중국과 인도였습니다. 아시아로 가는 항해를 시작했던 콜럼버스나 바스쿠 다 가마 등도 중국이나 인도에서 값비싼 차와 설탕, 향신료 등을 가져와 부를 축적하고자 했던 사람들입니다. 산업혁명이 발생하기 전까지 유럽은 아프로-유라시아 네트워크의 주변부였다고 할 수 있습니다.

그렇다면 왜 18세기 중반 영국에서 산업혁명이 발생했을까요? 그리고 산업혁명 이후 영국을 비롯한 서유럽 국가들에게 나타났던 변화는 무엇일까요? 산업혁명의 시작은 좀 더 광범위한 시간·공간적 맥락 속에서 살펴볼 필요가 있습니다. 지구가 탄생한 이후 지난 45억 년 동안 지구의 온도는 계속 변화해왔지만, 약 1만 년 전에 마지막 빙하기가 종식된 이후로는 지구가 상당히 따뜻한 편이었습니다. 그런데 15세기 중반부터 19세기 중반까지 지구에 추위가 닥쳤습니다. 지난 1만 년 중에 가장 극심하고 혹독한 추위가 찾아온 것입니다. 많은 학자들은 이 시기를 '소빙기 Little Ice Age'라고 부릅니다. 수천만 년에서 수억 년에 걸쳐 발생했던 과거의 빙하기들보다 지속 시기가 비교적 짧기 때문입니다. 소빙기가 15세기에 시작되면서 지구 전체에 기후변화가 나타났고, 이는 흉작과 기근, 전염병의 만연으로 이어졌습니다.

소빙기는 17세기 동안 우리나라에도 심각한 영향을 미쳤습니다. 1670년부터 1671년에 걸쳐 발생했던 기근은 조선 시대 최악의 기근이었습니다. 경술년과 신해년에 걸쳐 발생했기 때문에 '경신대기근'이라 불리는 이 대기근으로 인해 당시 조선 인구 1,400만 명 가운데 약 40만 명 이상이 사망했습니다.『조선왕조실록』「현종개수실록」에 따르면 전라도와 경상도에 음력 4월까지 서리가 내리고 가뭄이 지속되었다고 합니다. 음력 6월부터는 전국적으로 큰 비가 내려 수해가 발생했고, 풀무치 떼가 곡식을 갉아 먹기도 했습니다.

경신대기근과 비슷한 기근이 유럽에도 있었습니다. 1740년에 아일랜드에서 발생했던 기근은 아일랜드 역사상 가장 치명적이었습니다. 당시 아일랜드 인구의 약 20퍼센트 이상이 굶주림으로 사망했습니다. 급격한 추위가 발생하면서 당시 상대적으로 온화했던 아일랜드의 강과 호수까지 모두 얼어버린 것입니다. 이 시기에 아일랜드에서는 무려 7주 동안 서리가 내렸다고 합니다. 혹한과 계속된 서리 때문에 감자나 귀리 등의 작물들이 제대로 자라지 못했고, 이는 결국 곡물 가격의 상승과 기근으로 이어졌습니다.

이와 같이 치명적인 기근을 야기했던 소빙기의 발생 원인에 대해서는 아직 명확하게 규명되지 않았습니다. 하지만 많은 과학자들은 소빙기 동안 발생했던 기후변화가 태양의 흑점 활동과 관련 있다고 생각합니다. 1645년부터 1714년까지를 마운더 극소기Maunder minimum라고 부르는데, 태양의 흑점이 현저하게 감소했던 시기입니다. 이와 더불어 1739년에 발생했던 화산 폭발로 인해 화산재와 이산화황(SO_2)이 지구 대기를 뒤덮었습니다. 태양에너지의 반사율이 높아졌고 상대적으로 대기는 차가워졌습니다. 결국 이러한 환경 변화로 인해 작물들이 제대로 자라지 못하자 우리나라와 유럽에서 극심한 기근이 발생할 수밖에 없었던 것입니다.

소빙기에 전 지구적으로 만연했던 추위는 새로운 현상을 야기했습니다. 당시 추위를 피하기 위해 사람들이 사용했던 연료는 바로 목재였습니다. 하지만 극심한 추위로 목재 수요량이 급증하자 목재 가격이 치솟았고, 결국 사람들은 새로운 연료를 찾을 수밖에 없었습니다. 이 과정 속에서 사람들이 사용하기 시작한 것이 바로 석탄입니다. 석탄은 지질시대 식물이 퇴적되어 매몰된 후 열과 압력으로 인해 변질되어 생성된 광물입니다. 고생대의 5번째 기로, 약 3억 6,700만 년 전부터 2억 8,900만 년 전까지의 시기를 '석탄기'라고 부릅니다. 석탄기는 기후가 온난하고 습기가 많았기 때문에 삼림이 무성했습니다. 이 시기에 자랐던 식물들이 석탄으로 변했으며, 전 지구적으로 많은 탄광들이 형성될 수 있었던 것입니다.

사실 인류가 석탄을 사용한 것은 아주 오래전부터입니다. 최근 중국의 한 유적지에서는 석탄 덩어리와 아궁이가 발견되었습니다. 고고학자들은 이 유물을 기원전 3500년의 것으로 추정하고 있습니다. 기원전 6세기부터 중국은 이미 철을 제련하는 데에 석탄을 사용했다고 합니다. 1302년에는 영국 국왕인 에드워드 1세가 공기를 오염시킨다는 이유로 석탄 사용을 금지했는데, 이를 통해 영국에서도 그 이전부터 석탄을 사용해왔다는 것을 알 수 있습니다.

난방용으로 다시 사용되기 시작한 석탄은 이후 그 사용량이 급증했습니다. 석탄은 전 세계적으로 비교적 골고루 매장되어 있는 편이지만, 특히 영국에는 쉽게 석탄을 구할 수 있는 노천 탄광이 많았습니다. 그러나 수요가 급증함에 따라 노천 탄광뿐만 아니라 땅속의 탄광에서도 석탄을 채굴하기 시작했습니다. 사람들이 점점 더 깊이 땅을 파고 들어가다 보니, 한 가지 문제에 직면하게 되었습니다. 지하수가 광산으로 스며드는 것이었습니다. 이를 해결하기 위해 갱내로 흘러드는 지하수를 효과적으로 퍼내기 위한 기술이 개발되었는데, 이것이 바로 증기기관입니다. 1712년에 영국 기술자 토머스 뉴커먼이 피스톤의 왕복운동을 통해 지하수를 끌어올리는 증기기관을 발명해 영국의 석탄 생산량을 2배 이상 증가시켰습니다. 1769년에는 제임스 와트가 뉴커먼의 증기기관에서 냉각기를 분리시켜 효율적으로 개량했고, 탄광에서의 석탄 생산량은 연간 1억 5,000만 톤 이상으로 증가하게 됩니다.

이제 영국에서는 증기기관을 원동력으로 사용하는 새로운 산업들이 등장했습니다. 그중 가장 대표적인 산업이 바로 제철공업입니다. 잉글랜드의 콜브룩데일은 영국 제철공업의 중심지였는데 이곳에서는 모래를 굳혀 주형을 만들어서 철을 제련했습니다. 당시 철 생산량이 증가함에 따라 철 제련에 사용되던 목탄의 수요 역시 증가하고 있었습니다. 이에 따라 1709년 제철업자

다비 1세는 목탄 대신 당시 영국에 풍부하던 석탄으로 철을 제련하는 기술을 개발했습니다. 일반적으로 석탄을 이용하면 황을 비롯한 불순물이 섞일 가능성이 발생하고, 결과적으로 철의 품질이 저하됩니다. 다비 1세는 이런 불순물을 제거하기 위해 휘발분이 높은 석탄을 1,000~1,300도에서 가열했습니다. 이렇게 만들어진 것이 바로 '코크스cokes'입니다. 코크스가 타면서 발생하는 일산화탄소가 산화철을 환원시키면서 철이 만들어졌습니다. 이후 다비 1세의 아들인 다비 2세는 용광로를 가동시킬 때 석회석을 이용했습니다. 석회석이 철의 불순물인 이산화규소(SiO_2)를 제거하기 때문에 결과적으로 더욱 품질이 좋은 철을 생산할 수 있었습니다.

다비 1세의 손자인 다비 3세는 콜브룩데일의 제철소를 영국에서 가장 큰 제철소로 발전시켰습니다. 와트가 개량한 증기기관을 설치한 것입니다. 그는 이렇게 대량생산된 철을 이용해 새로운 다리를 건설하기도 했습니다. 콜브룩데일에서 생산되는 철의 양이 급증함에 따라 이를 영국 전역으로 수송하는 문제가 발생했기 때문이었습니다. 콜브룩데일 옆에 흐르는 세번 강은 영국에서 가장 긴 강으로, 당시 아직 강을 가로지르는 다리가 없었습니다. 다비 3세는 1779년 영국 기술자인 존 윌킨슨과 함께

아이언 브리지

세계 최초의 철교를 건설했습니다. 이른바 '아이언 브리지'입니다. 아이언 브리지 건설 이후 콜브룩데일은 영국의 산업혁명 중심지로 부상할 수 있었습니다. 수많은 용광로가 건설되었고 석탄과 철광석 채굴량은 급증했습니다. 1740년에 1만 7,000톤에 불과했던 철 생산량은 한 세기 뒤인 1839년에 124만 8,000톤으로 증가했습니다. 그리고 1850년이 되면 영국의 철 생산량은 전세계 생산량의 절반에 달했습니다. 영국이 전 세계의 공장이 된 것입니다. 모두 철의 생산 덕분이었습니다.

철 생산량이 급증하면서 이를 운송하기 위해 새로 등장한 것은 비단 철교뿐만이 아니었습니다. 1807년, 미국 뉴욕 주 동부를 흐르는 허드슨 강에 새로운 형태의 선박이 등장했습니다. 길이 43미터, 용적 150톤의 '증기선'이었습니다. 노스 리버 호는 증기 기관을 동력으로 움직이는 선박이었는데, 뉴욕과 올버니를 오가는 데 약 30시간 정도 걸렸습니다. 당시 범선으로 같은 거리를 오가는 데 4일 정도 걸렸던 것을 고려한다면 증기선은 범선보다 3배 정도 빠른 속도로 이동할 수 있었던 것입니다. 이 증기선을 발명한 사람은 바로 미국 기술자인 로버트 풀턴이었습니다. 증기선의 장점은 무엇보다도 바람이나 물살의 영향을 받지 않고 일정한 속도로 이동할 수 있다는 것이었습니다. 풀턴의 증기선은 세계 최초로 정기적인 운항을 시작하기도 했습니다.

그리고 1845년 영국 기술자 이점바드 킹덤 브루넬이 세계 최초의 철제 증기선을 발명했습니다. 그레이트 브리튼 호는 당시 전 세계에서 가장 큰 증기선이었는데, 영국 브리스틀에서 대서양을 건너 뉴욕까지 항해하는 데 약 15일 정도가 걸렸습니다. 시간이 흘러 19세기 중반이 되면 철제 증기선은 더 이상 승객이나 화물을 운송하는 데에만 사용되지 않았습니다. 군사적 목적으로 사용되기 시작한 것입니다. 철제 증기선에 근대 무기들을 장착한 유럽인들은 더 많은 원료와 판매 시장을 위해 식민지 건설에 더욱 적극적으로 나섰습니다. 철제 군함은 유럽인들이 나머지 세계들을 식민화시키는 데 매우 중요한 수단이었던 것입니다. 풍부한 석탄과 철을 이용해 가장 먼저 산업혁명이 발생했던 영국 역시 식민지를 모색하기 시작했고 제국주의 정책에 따라 전 세계에 식민지를 건설해나갔습니다.

✟

영화 〈아편전쟁〉은 청 황제였던 도광제가 역대 황제들의 초상화 앞에서 통곡하는 장면으로 끝납니다. 아편전쟁은 1840년

6월, 산업혁명으로 강대국이 되어가던 영국과 당시 전 세계에서 가장 부유하고 강력한 나라였던 청 제국 사이에 발생했던 전쟁이었습니다. 이미 오래전부터 영국은 중국으로부터 도자기나 차, 비단 등을 수입하고 있었습니다. 하지만 영국은 모직물을 제외하면 딱히 수출할 만한 상품이 없었기 때문에 15세기 이후 남아메리카에서 채굴된 막대한 양의 은이 무역을 통해 모두 중국으로 흘러 들어갔습니다. 이렇게 중국으로 흘러 들어간 은을 회수할 방법을 모색하던 영국은 적당한 상품을 하나 중국에 판매하기 시작했습니다. 이 상품이 바로 아편입니다.

1623년에 인도네시아 동부에 위치한 암본 섬에서 영국과 네덜란드 사이에 전투가 벌어졌습니다. 당시 영국 동인도 회사와 네덜란드 동인도 회사는 모두 이 지역에서 생산되는 육두구를 유럽으로 가져가기 위해 인도네시아를 식민지 삼고자 했습니다. 육두구는 '사향 향기가 나는 호두'라는 뜻으로, 유럽에서 매우 인기가 좋은 향신료였습니다. 하지만 암본 섬 전투에서 영국은 네덜란드에 패배하고 인도네시아에서 후퇴할 수밖에 없었습니다. 영국은 인도네시아 대신 인도를 식민지로 삼았고 이곳에서 아편을 발견합니다. 그리고 이 아편이 청 제국에 밀수출되기 시작한 것입니다. 당시 청 제국은 정치적으로 부패해 있었고 경

영국의 군함, 네메시스 호

제적 생산성 또한 정체되어 있었기 때문에 많은 백성들은 현실
의 고통으로부터 벗어나고자 아편을 피우기 시작했습니다.

　1780년대 영국이 청 제국에 밀수출한 아편이 약 1,000상자
인 반면, 1830년에는 1만 상자 이상으로 10배 이상이 증가했습
니다. 이미 청 제국에서 여러 번 금지령을 내렸지만 영국은 무역
적자를 해소하기 위해 계속 아편을 밀수출했습니다. 결국 도광
제는 임칙서를 특사로 광저우에 파견해 아편을 불태우고 아편
판매상들을 추방하는 등 강경하게 대응하게 됩니다. 그러자 영

국은 무력으로 맞섰습니다. 당시 영국의 군함인 네메시스 호는 120문의 대포를 3단으로 갖춘 철제 증기선이었습니다. 산업혁명을 통해 증기기관과 제철공업이 발달했던 영국에게 더 이상 청 제국은 맞수가 되지 못했습니다. 이 전쟁에서 진 청 제국은 영국과 불평등조약을 체결했습니다. 홍콩 할양과 5개 항구 개방, 전쟁배상금 지불 등을 내용으로 하는 「난징 조약」이 바로 그것입니다. 더 이상 중국은 전 세계에서 가장 부유하고 강력한 제국이 아니었던 것입니다. 청 제국이 영국에게 패배한 이후 프랑스, 독일, 러시아 등의 유럽 열강과 미국 역시 청 제국과 불평등한 조약들을 체결했습니다.

이와 같은 현상은 중국에서만 발생한 것이 아닙니다. 1852년 미국 제독인 매슈 페리는 철제 증기선 미시시피 호와 철제 대포가 장착된 흑선*을 이끌고 일본 가나가와 현 남동부에 위치한 우라가에 도착했습니다. 당시 기록에 따르면 많은 일본인들이 증기기관을 장착해 검은 연기를 뿜어내는 철제 증기선을 보고 매우 두려워했다고 합니다. 결국 일본은 1854년 3월에 항구를 개방하고 미국과 교역할 것을 약속하는 조약을 체결할 수밖에 없었습니다. 20여 년이 지난 1875년부터는 일본이 서구 열강들의

● 흑선(black ship)은 19세기 초 근해에 출현한 서양 증기선을 일컫는 용어입니다. 배가 침수되지 않도록 검은 타르를 발랐기 때문에 구로후네(くろふね)라고 불렸습니다.

선례를 좇았습니다. 강철로 구조를 만들고 증기기관을 장착한 군함을 이끌고 우리나라, 당시의 조선으로 온 것입니다. 일본의 막강한 군사력에 못 이긴 우리나라는 흔히 '강화도 조약'이라 불리는 「조일 수호 조규」를 체결합니다. 이 조약 이후 조선은 점차 일본에게 국권을 강탈당하기 시작했고, 결국 일본의 식민지로 전락하고 말았습니다.

서유럽 국가들의 대외적 팽창에 철제 증기선이 중요한 역할을 담당했다면, 대내적 팽창과 통합을 추구했던 원동력은 무엇일까요? 19세기의 시작과 더불어 산업혁명이 급속하게 진행되던 영국에서는 또 다른 중요한 변화가 발생했습니다. 바로 '증기기관차'가 제작된 것입니다. 영국 발명가 리처드 트레비식은 세계 최초로 증기기관을 이용한 기관차를 만들었고, 이후 콜브룩데일에서 생산된 철을 운반하는 기관차 페니대런을 만들었습니다. 페니대런은 영국 페니대런에서 애버사이논까지 약 16킬로미터의 거리를 철 10톤과 사람 70명을 싣고 시속 9킬로미터로 주행한, 세계 최초의 증기기관차입니다.

하지만 사람들이 더 많은 관심을 보였던 것은 조지 스티븐슨의 증기기관차였습니다. 잉글랜드 북부에 위치한 달링턴은 17세기의 중요한 석탄 산지였고, 스톡턴은 잉글랜드 북부를 흘러

북해로 흘러 들어가는 티스 강을 이용해 물자를 수송하던 요충지였습니다. 과거에는 달링턴의 석탄을 스톡턴까지 운반하기 위해 마차를 이용했지만 석탄 생산량이 급증함에 따라 새로운 운송 수단이 필요했습니다. 이에 따라 스티븐슨은 달링턴에서 스톡턴까지 강철로 만든 철도를 건설하고, 1825년 세계 최초의 상업용 증기기관차 로코모션 호를 운행했습니다. 로코모션 호를 이용하자 이전보다 더 저렴한 비용으로 더 많은 석탄을 운반할 수 있었습니다. 이후 영국의 대도시였던 리버풀과 맨체스터를 연결하는 철도가 건설되면서 영국에서 교통·운송의 혁명이 일어나는 등, 제철산업은 19세기까지 산업혁명의 가장 중요한 산업이었습니다.

영국에서 발생한 '철도 시대'는 다른 지역으로 급속하게 확산되었습니다. 북아메리카 동북부에 위치한 13개 독립국가들의 연합으로 탄생한 미국은 19세기부터 점점 서부로 팽창하기 시작했습니다. 이미 1785년의 「공유지 조례Land Ordinance」나 1787년의 「북서부 조례Northwest Ordinance」 등을 통해 미국 연방 정부는 서부의 광대한 영토를 농민들에게 매각하고 있었고, 많은 사람들이 보다 나은 기회를 찾아 서부로 이주하기 시작하던 참이었습니다. 자연스럽게 서부와 동부가 밀접하게 연결되어야만 했습니다. 이에 따라 동부와 서부를 연결하는 유료도로가 건설되었고 증기선이 발명된 이후에는 수로와 운하 건설도 시작되었습니다.

1827년에 뉴욕 주 올버니에서 버펄로 근처의 이리 호까지 연결하는 이리 운하가 완공되었습니다. 당시 미국의 여러 지역들은 보호관세를 둘러싸고 정치적으로 첨예하게 대립했습니다. 산업화가 발달했던 북동부 지역에서는 공업 육성과 국내 시장 보호를 위해 높은 보호관세를 주장했던 반면, 농업이 발달했던 북서부와 남부에서는 낮은 보호관세를 주장했기 때문입니다. 이와 같은 정치적 갈등을 해결하기 위해 '아메리칸 시스템'*이 등장했습니다.

그리고 자연스럽게 미국에서는 철도 건설이 활성화되었습니다. 1830년 미국 북동부의 메릴랜드 주 볼티모어와 뉴욕 주 엘리코트를 연결하는 철도가 처음 등장한 이후 미국의 철도는 매우 급속하게 증가했습니다. 1840년대 2,800마일(약 4,500킬로미터)

●　상원의원 및 국무장관을 역임했던 헨리 클레이는 '아메리칸 시스템'을 가장 적극적으로 지지하던 사람이었습니다. 그는 높은 보호관세를 책정하는 대신, 이로부터 얻은 이익으로 도로 및 운하를 건설할 것을 제안했습니다. 이를 통해 북동부의 공산품과 북서부의 농산품을 교환하면 여러 지역들에 경제적으로 도움이 될 것이라고 생각했기 때문입니다.

정도이던 미국의 철도는 내전이 발발하기 직전인 1860년에 3만 마일(약 4만 8,000킬로미터)로 10배 이상 증가했습니다. 철도의 증가는 미국 내 제철공업의 발전을 야기했고, 그 중심에는 북동부의 펜실베이니아 주 피츠버그가 있었습니다. 눈여겨볼 점은, 미국 내전 기간 동안 북부의 철도가 약 2만 2,000마일(약 3만 5,000킬로미터)이었던 반면 남부의 철도는 9,000마일(약 1만 4,000킬로미터)에 불과했다는 것입니다. 철도를 이용한 전쟁 물자의 수송과 병력의 이동이 전쟁의 승자를 결정하는 데 매우 중요한 역할을 담당한 것입니다.

미국 내전이 끝나고 1865년에는 서부로 사람들과 물자를 수송하기 위한 대규모 철도 부설 작업이 시작되었습니다. 투자자를 모으기 위해 연방 정부는 건설 회사에 토지를 무상으로 제공하고 건설 비용도 빌려주었습니다. 이런 정책에 따라 센트럴퍼시픽 철도회사는 캘리포니아 주 새크라멘토에서 동쪽을 향해 철도를 건설했고 유니온퍼시픽 철도회사는 아이오와 주 카운실블러프스에서 서쪽을 향해 철도를 건설했습니다. 그리고 이 두 회사의 철도가 1869년 유타 주의 프로몬터리에서 만나 연결되었습니다. 이 철도가 바로 '대륙횡단철도'입니다. 당시 캘리포니아로 이주했던 많은 중국인 노동자들이 이 대륙횡단철도 건설

대륙횡단철도 건설에 참여했던 중국인 노동자들

의 주인공이었습니다. 대륙횡단철도 건설 이후 미국의 철도는 더욱 급속하게 증가했습니다. 20세기 초 미국의 철도는 약 20만 마일(약 32만 킬로미터)로, 가장 먼저 철도를 건설했던 영국과 기타 유럽 국가들의 철도를 모두 합친 것보다도 많았습니다.

철도가 발전하자 미국에서는 상품과 자원의 운송 비용이 점점 감소했습니다. 이는 결과적으로 산업과 상업의 발전을 야기했습니다. 더 많은 사람들이 기회를 찾아 서부로 이주하기 시작했고, 철도가 건설된 주변 지역들에는 수십만 명의 사람들이 거주하는 대도시들이 생기고 발전했습니다. 물론 철도 건설이 긍정적인 결과만 야기했던 것은 아닙니다. 중서부 지역에 철도가 건설되면서 이곳에 살고 있던 많은 아메리카 원주민은 자신들의 영토에서 추방되어 보호구역으로 강제 이동해야만 했습니다. 그리고 백인들의 삶에 동화될 것을 강요받았습니다. 서부 지역까지 팽창한 미국은 이제 태평양 연안 지역들에 관심을 가지게 되었습니다. 중국과 일본을 비롯한 아시아의 여러 국가들과 강제로 조약을 체결하면서 미국은 점차 유럽과 마찬가지로 제국주의 국가로 부상했습니다.

전 지구적으로 발생했던 기후변화에 적응하기 위해 석탄을 사용하면서 인류 사회는 급속하게 변화했습니다. 새로운 동력 사용은 일련의 기술 발전을 초래했고, 이는 오늘날 현대사회가 발전하는 토대로 기능했습니다. 산업혁명과 더불어 철은 근대화에 없어서는 안 될 매우 중요한 물질이 되었습니다. 철제 증기선과 기관차, 철도 등과 같은 제철공업의 발달은 유럽과 미국이 전 지구적인 패권을 가지는 데 중요한 원동력이었습니다. 결국 철로부터 현대사회의 정치·경제적 질서가 만들어지기 시작한 것입니다.

9.
대도시와
세계대전

바람의 도시, 미국 일리노이 주 시카고의 밀레니엄 공원에는 매우 특이한 조각 작품이 있습니다. 바로 '클라우드 게이트 Cloud Gate'입니다. 강낭콩 모양과 비슷해서 '콩'이라는 별명을 가지고 있는 이 조각은 스테인리스강 stainless steel 으로 만든 무게 100톤 이상의 작품입니다. 스테인리스강은 부식이 일어나기 쉬운 철의 결점을 보완하기 위해 1914년에 처음 만들어졌습니다. 주로 철에 10~20퍼센트 정도의 크로뮴(Cr)을 섞어 만들어지며 산화될 때 철과 크로뮴의 표면에 산화막을 만들어 내부를 보호합니다. 특히 크로뮴은 닦으면 광택이 나는 성질을 가지고 있습니다. 클라우드 게이트 앞에 서면 마치 거울처럼 사람들의 모습을 비춰주는데, 이 특징이 바로 크로뮴의 성질 때문인 것입니다.

클라우드 게이트 이외에도 시카고는 철과 인연이 깊은 도시입니다. 미국의 중서부에 위치한 시카고는 미시간 강과 오대호 덕분에 수로가 발달했습니다. 그리고 19세기 초에 이리 운하의 개발로 뉴욕과 오대호가 연결되면서 시카고는 자연스럽게 도시간 교역의 중심지로 부상했습니다. 특히 19세기 중반에 수많은 철도가 건설되면서 시카고 시의 중심부인 루프 지역 역시 고가철도로 연결되었습니다. 이후 시카고에서는 중서부의 여러 지역들에서 운송된 소나 돼지를 도축하고 이를 포장하는 산업이 발달할 수 있었는데, 철도 덕분에 고기가 상하기 전에 다른 지역들로 빠르게 운송할 수 있었기 때문입니다.

패킹타운packingtown이 된 시카고에서 도축을 하고 그 정육을 포장하는 것은 주로 이민자들의 몫이었습니다. 20세기 초 시카고는 폴란드, 노르웨이, 스웨덴, 그리스 등 유럽의 여러 국가들에서 보다 나은 경제적 기회를 찾아 이주한 이민자들로 북적였습니다. 재산도 별로 없고 교육 수준도 낮았던 대부분의 이민자들은 자연스럽게 바로 이 패킹타운에서 일자리를 찾을 수 밖에 없

시카고의 클라우드 게이트

었습니다. 20세기 초의 폭로자* 가운데 한 사람이었던 업턴 싱클레어는 자신의 소설 『정글』에서 시카고 도축장의 비위생적인 환경을 상세하게 묘사하면서, 이윤만을 추구하는 미국 사회의 현실을 신랄하게 비판했습니다. 교역과 산업이 눈부시게 발전하면서 그 부작용 역시 커진 것입니다.

1885년, 시카고에는 세계에서 가장 높은 건물이 세워졌습니다. 바로 '홈 인슈어런스 빌딩Home Insurance Building'입니다. 높이 60미터의 10층짜리 건물은 오늘날의 관점에서 보면 별다른 감흥이 없습니다. 하지만 대부분의 건물들이 목재로 지어지던 19세기 말에, 홈 인슈어런스 빌딩은 최초로 철재 구조물을 사용해 지은 건물이었습니다. 1871년에 시카고에서 발생했던 대규모 화재로 1만 8,000채의 건물과 10만 가구 이상의 주택이 불타버렸는데, 이후 시카고에서는 도시 재건과 더불어 고층 건물들을 지으면서 이를 지탱하기 위해 철근 콘크리트를 사용하기 시작했습니다. 철근 콘크리트는 콘크리트 속에 강철 막대를 넣어, 콘크리트가 균열되더라도 내성을 가질 수 있도록 하는 건설자재입

---

* 폭로자(muckraker)는 20세기 초 미국의 대중 잡지를 통해 기업의 독점이나 정치적 부패, 사회의 부조리 등을 고발하는 글을 발표하여 대중들에게 미국 사회 개혁의 필요성을 각성시켰던 사람들입니다. 대표적으로 스탠더드 석유회사의 부패를 비판했던 아이다 타벨, 철도회사의 합병과 부패를 비판했던 레이 베이커 등이 있습니다.

니다. 철근 콘크리트를 사용하면서 흔히 '마천루'라고 부르는, 하늘을 찌를 듯한 높은 건물들이 시카고와 뉴욕, 그리고 미국 내 다른 도시들에 등장했습니다.

비슷한 시기의 유럽의 사정을 조금 이야기해보겠습니다. 1889년은 프랑스혁명 100주년이 되던 해였습니다. 이를 기념하기 위해 파리에서는 만국박람회가 개최되었습니다. 1851년에 당시 산업혁명을 주도하고 있던 영국은 런던 만국박람회를 통해 '수정궁'을 선보인 바 있었습니다. 철근과 유리로 만든 이 건축물은 세계 최초의 철골 건축물이었습니다. 영국과 경쟁하던 프랑스는 이에 대항하기 위해 파리 만국박람회에서 '에펠탑'을 선보입니다. 프랑스 건축가 구스타브 에펠은 강철을 이용해 아치를 만드는 기술을 가지고 있었습니다. 그는 7,300톤의 연철과 250만 개의 나사못으로 아치형의 기단 위에 탑을 얹은 에펠탑을 만들었습니다. 300미터 높이의 에펠탑은 당시 전 세계에서 가장 높은 건물이었기 때문에, 영국의 급속한 산업혁명을 따라잡지 못했던 프랑스로서는 자존심을 회복할 수 있는 계기가 되었습니다.

1889년 파리 만국박람회에서 프랑스가 자랑스럽게 선보인 것은 비단 에펠탑만이 아니었습니다. 건축가 샤를 뒤테르는 박

에펠탑

람회 동안 전시관으로 쓰인 '기계관'을 건설했습니다. 이 기계관은 기둥 간 거리가 115미터에 달했는데, 1867년에 열렸던 파리 만국박람회 기계관의 기둥 간 거리가 35미터였던 것과 비교해 보면 3배 이상 길어진 것입니다. 이는 강철과 밀접한 관련성을 가지고 있습니다. 강철을 사용하면서 재료가 가벼워지자 아치를 구성하는 골조 구조의 재료 두께도 얇아졌고, 따라서 더 높이 건축할 수 있었기 때문입니다. 또한 강철의 팽창과 수축에 따라 발생하는 저항력에 효과적으로 대응하기 위해 거대한 아치를 경첩으로 지지하면서 기계 문명의 신비로움을 보여줄 수 있었습니다. 철로 만든 건축물들은 19세기 말부터 20세기 초까지 파리가 누렸던 풍요를 상징합니다. 그야말로 좋은 시대, '벨 에포크 La belle époque'였습니다.

✝

세르게이 라흐마니노프는 우리에게 〈피아노 협주곡 2번〉이나 〈파가니니 주제에 의한 광시곡〉 등으로 매우 친숙한 러시아 작곡가이자 피아니스트입니다. 그의 친구이자 '현대판 모차르트'로 묘사될 정도로 뛰어난 피아니스트였던 요제프 호프만은 그를 '강철로 만들어진 사람'이라고 표현하기도 했습니다. 라흐마니노프가 1909년에 미국으로 이주한 후 처음 연주한 곳은 뉴욕 주의 카네기홀이었습니다. 카네기홀은 미국 자본가였던 앤드루 카네기가 건설한, 전 세계에서 가장 유명한 공연장 가운데 하나입니다. 재미있는 사실은 카네기가 유명한 철강 사업가였음에도 불구하고 카네기홀은 강철 프레임을 사용하지 않고 벽돌과 사암으로 지어졌다는 것입니다. 그리고 바로 이곳에서 '강철로 만들어진 사람' 라흐마니노프가 최초의 연주를 했습니다. 이러한 점에서 라흐마니노프와 카네기는 '강철'이라는 연결고리를 가진 셈입니다.

앤드루 카네기는 가난한 스코틀랜드 이민자였습니다. 미국 내전이 끝난 후, 그는 철강의 수요를 예측하고 철강 사업을 시작했습니다. 이미 1856년 영국에서 배서머법이 개발되어 있었는데, 이를 통해 녹은 선철에서 강철을 대량으로 생산할 수 있었습니다. 좀 더 구체적으로 살펴보자면, 녹은 선철에 공기를 주입해 산화환원반응을 야기하고 철의 불순물을 제거하는 방법이 개발된 것이었습니다. 카네기는 에드거 톰슨 강철 공장을 설립해 배서머법을 적용하여 강철을 생산하기 시작했습니다. 이는 미국 최초의 강철 공장이었으며, 그 이름은 과거에 자신이 일했던 펜실베이니아 철도회사의 사장 에드거 톰슨의 이름을 따온 것이었습니다. 이후 펜실베이니아 철도회사는 카네기의 회사로부터 철강을 구입했습니다. 그리고 카네기는 안정적인 원료의 공급과 생산 및 유통을 위해 관련 업체를 매입하기 시작했습니다. 대표적인 사례가 1886년의 홈스테드 제강소 매입입니다.

그런데 1892년 6월, 카네기가 매입한 홈스테드 제강소에서 임금 협상을 둘러싼 노사 갈등이 발생했습니다. 카네기의 동업자였던 헨리 클레이 프릭이 공장을 폐쇄하자 이에 반발하면서 노동자들이 공장을 점령한 것이었습니다. 프릭은 공장을 되찾기 위해 수백 명의 경비원을 투입했는데, 이러한 과정 속에서 수백 명의 사람들이 다쳤고 사망자도 발생했습니다. 결국 홈스테드 제강소의 노사 갈등은 주州 정부의 개입으로 진정될 수밖에 없었습니다. 일명 '홈스테드 학살사건'이라 불리는 이 사건은 미국 역사상 최악의 노동 탄압 가운데 하나로 간주됩니다.

카네기는 이제 더 나아가 기존의 철강회사들을 합병하기 시작합니다. 그리고 '카네기 철강회사'를 설립했습니다. 피츠버그 제강소를 중심으로 석탄, 철광석, 철도, 선박 등을 다루는 회사들이 카네기 철강회사에 포함되었고, 카네기 철강회사의 철강 생산량은 당시 미국 철강 생산량의 4분의 1 이상을 차지했습니다. 카네기 철강회사의 이와 같은 기업 통합을 트러스트trust라고 부릅니다. 트러스트는 같은 업종의 기업체들이 시장 독점을 위해 합병하는 것을 의미합니다. 당연히 이 과정에서 각 기업체들은 개별적인 독립성을 상실하게 됩니다. 여러 기업의 주주가 자신이 소유한 주식을 특정 수탁자에게 위탁하고 경영을 일임하는 방식이라, 이렇게 되면 수탁자는 자신의 자본 없이도 여러 기업을 관리할 수 있습니다.

사실, 트러스트와 같은 기업합병은 카네기 철강회사에서만 발생했던 것이 아닙니다. 이미 19세기 후반부터 철도 부문에서는 기업합병이나 독점이 빈번하게 일어났습니다. 대표적인 예가 펜실베이니아 철도회사입니다. 이 회사는 작은 철도회사들을 합병해 5,000마일(약 8,000킬로미터) 이상의 철도를 독점 지배했습니다. 트러스트를 처음 시작한 회사는 스탠더드 석유회사입니다. 존 데이비슨 록펠러가 설립한 회사였는데, 이 회사의 미국 시장 점유율은 19세기 말 88퍼센트가 넘었습니다. 이렇게 시작된 트러스트가 철강과 설탕 등 여러 부문으로 확산된 것입니다.

1890년 오하이오 주 상원의원이었던 존 셔먼은 "정치체제로 군주를 원하지 않듯, 경제체제로 독점을 원하지 않는다"라고 주장하면서 '독점금지법'을 제정했습니다. 「셔먼 반反트러스트법 Sherman Antitrust Act」으로 불리는 이 법은 동종 업종의 연합과 합병 금지를 주된 내용으로 삼고 있습니다. 이 법에 따라 스탠더드 석유회사는 30개의 회사로 분리되어야 했고, 당시 미국 담배 시장의 95퍼센트 이상을 점유하고 있던 브리티시아메리칸 담배회사 역시 16개의 회사로 분리되었습니다. 그러자 독점기업들은 새로운 방법을 찾기 시작했습니다.

새로운 독점 형태인 지주회사로 전환하기 시작한 것입니다.

지주회사는 다른 회사의 주식을 소유함으로써 경영권을 가지는 회사를 의미합니다. 1901년 미국 은행가였던 존 피어폰트 모건이 카네기 철강회사를 비롯해 여러 회사들을 통합하면서 최초의 지주회사를 설립했습니다. 바로 미국 최대의 종합 제철회사, US스틸입니다. 당시 시장 점유율은 65퍼센트 이상이었다고 하며, 오늘날에도 US스틸은 세계 10위 안에 드는 대표적인 제철회사입니다.

이와 같이 거대 자본이 독점을 통해 경제적 부를 축적하자, 미국 사회에서는 이에 대한 옹호와 비판이 난무했습니다. 이즈음에 영국 철학자인 허버트 스펜서는 찰스 다윈의 진화론을 바탕으로 '사회적 다윈주의Social Darwinism'를 주장하고 있었습니다. 자연 상태와 마찬가지로 인간 사회에서도 생존경쟁이 발생하며, 열등한 자는 도태되고 생존 조건에 적합한 자만 살아남는다는 것이 이 주장의 핵심입니다. 세계 최초로 사회학 강좌를 개설했던 미국 사회학자 윌리엄 섬너는 이러한 사회적 다윈주의를 토대로 미국의 독점기업과 거대 자본을 옹호했습니다.

반면, 대기업의 독점이 민주주의 이념과 어긋난다고 주장하면서 연방 정부의 경제적 방임주의와 사회적 다윈주의를 신랄하게 비판한 사람들도 있었습니다. 미국 경제학자 헨리 조지는 단일세 운동을 시작했습니다. 산업화 이후 기계를 사용해서 얻은 이익이 궁극적으로는 토지 독점 소유자에게 흡수되어버리기 때문에 빈부 격차가 발생한다며, 토지에만 세금을 과세하자는 것이었습니다. 미국의 사회 평론가 소스타인 베블런은 독점자본가의 경쟁이 사회적 진화를 방해하고 있다고 주장하기도 했습니다. 독점기업과 대자본에 대한 이러한 비판은 19세기 후반의 노동운동이나 농민운동의 사상적 배경이 되었으며, 이후 미국 사회의 부정부패와 빈부 격차 등을 개혁하고자 하는 20세기 초의 혁신주의Progressivism로 이어졌습니다. 철도와 철강 등을 중심으로 발생한 경제적 부를 토대로 자본주의가 급속하게 발달했던 도금시대Gilded Age는 이렇게 저물기 시작했습니다.

✝

20세기가 시작되고 얼마 되지 않아 최초로 세계적 규모의 전쟁이 발발했습니다. 바로 제1차 세계대전입니다. 19세기 말부터 산업화를 경험한 서유럽의 일부 국가들은 대규모의 상품을 생산하고 판매하기 위해 원료와 시장을 공급해줄 수 있는 식민지가 필요했습니다. 이에 따라 가장 먼저 산업혁명이 발생했던 영국을 비롯해 프랑스와 러시아 등이 아시아와 아프리카의 여러 지역들을 무력으로 지배했습니다. 이후 유럽의 여러 국가들 사이에서는 식민지 점령을 둘러싼 경쟁과 무력 충돌이 빈번하게 발생하기 시작했습니다. 그러던 중 1914년 6월 28일, 보스니아의 사라예보에서 오스트리아 황태자 부부 피살 사건이 발생하자 오스트리아는 세르비아에 전쟁을 선포했습니다. 그리고 당시 오스트리아와 동맹 관계를 맺고 있던 독일이 오스트리아를 지지했습니다. 이와 같은 국제적 위기는 프랑스와 러시아, 그리고 영국까지 전쟁에 개입하게 되는 결과를 야기했고 세계대전으로 확대되었습니다.

역사학자들은 제1차 세계대전을 '총력전total war'이라고 부릅니다. 총력전이란 국가가 총력을 기울여 수행하는 전쟁을 말합니다. 제1차 세계대전이 발발한 이후 전쟁 무기와 군사기술이 급속하게 발달하면서 모든 병력의 일체화가 강조되었습니다. 이뿐만 아니라 군인 이외에도 모든 국민들이 군수물자 생산 및 수송에 투입되는 등 국가 전체가 병영화되었습니다.

이와 같은 전쟁에서 승리하기 위해서는 무엇보다도 새롭고 효과적인 전쟁 무기를 만드는 것이 매우 중요해졌습니다. 독일 화학자인 프리츠 하버는 독일의 승리를 위해 화약의 연료로 사용되는 암모니아를 합성하는 방법을 개발했습니다. 그는 500도의 높은 온도와 200기압의 높은 압력에서 수소와 질소의 혼합 가스를 촉매에 반응시키면 암모니아가 생성된다는 사실을 알게 되었습니다. 그리고 이때 촉매로 사용한 것이 바로 철이었습니다. 철 촉매는 활성화 에너지를 낮추면서 낮은 온도에서도 반응이 일어날 수 있도록 했고, 그 결과 독일은 저렴한 비용으로 대량의 암모니아를 생산할 수 있게 되었습니다.

독일이 철 촉매로 암모니아를 대량생산했다면, 영국은 아세톤 생산을 증가시키는 방법을 개발했습니다. 정제된 섬유소를 강한 황산과 질산의 혼합액에서 처리하면 나이트로셀룰로스가 만들어지는데, 이것이 화약 제조에 사용됩니다. 그리고 아세톤은 바로 나이트로셀룰로스를 만드는 데 필요한 용매입니다. 아세톤은 밤나무나 단풍나무 등 목재를 밀폐된 용기에 넣고 가열시킬 때 발생하는 증기에서 얻을 수 있습니다. 즉, 아세톤을 대량으로 생산하려면 엄청난 양의 목재가 필요했습니다. 그러나 제1차 세계대전 당시 영국에서는 필요한 만큼의 목재를 구하기가 쉽지 않아 어려움을 겪고 있었습니다.

그러던 중 당시 맨체스터대학교의 교수이던 유대인 과학자 하임 바이츠만이 합성고무를 연구하다가 우연히 당질에서 아세톤을 생성하는 박테리아를 발견했습니다. 이후 바이츠만이 녹말을 당으로 만들고 자신이 발견한 박테리아를 이용해 아세톤을 만드는 바이츠만 공정을 개발했고, 결과적으로 영국은 전쟁에 필요한 화약을 대량으로 생산할 수 있었습니다.

수류탄 역시 연합국과 동맹국이 모두 사용했던 전쟁 무기였습니다. 수류탄은 손으로 던지는 근접전투용 소형 폭탄을 가리키는데, 점화장치인 신관이 작동해서 화약이 타고 폭발하는 원리를 이용한 것입니다. 이러한 수류탄을 만드는 데 사용되는 물질 역시 바로 철입니다. 독일군은 계란형으로 생긴 아이어한트그라나테Eierhandgranate라는 수류탄을 사용했는데, 주물로 된 철제 몸통 속에 TNT 화약이 들어 있었습니다. 공격형 수류탄이었으며 파편 발생량이 적은 점이 특징이었습니다. 이와 더불어 독일군은 쿠겔그라나테Kugelgranate도 사용했습니다. 구슬 모양으로 생긴 수류탄으로, 주철로 만든 통에 질산칼륨, 황, 목탄 등이 섞인 흑색화약이 들어 있었습니다. 아이어한트그라나테와는 달리 폭발 시 파편이 많이 생기도록 홈이 많이 만들어져 있었기 때문에 연합국에서는 이를 '파인애플 폭탄'이라고 부르기도 했습니다. 영국군은 주철로 만들어진 밀즈 수류탄Mills bomb을 사용했습니다. 안전핀과 안전 손잡이의 이중 구조를 가지고 있었으며, 안전

왼쪽 위부터 시계 방향으로 밀즈 수류탄,
아이어한트그라나테, 쿠겔그라나테

손잡이가 풀리면 신관이 작동해서 폭발하는 방식입니다. 표적물에 착탄했을 때 그 충격으로 인해 폭발하는 기존의 수류탄들과는 달리, 일정 시간이 경과한 뒤에 폭발하도록 만들어진 최초의 수류탄이었습니다.

화약과 수류탄 이외에도 잠수함이 제1차 세계대전의 전쟁 무기로 사용되었습니다. 어뢰를 탑재하고 물속으로 다니는 군함, 잠수함을 처음 개발한 사람은 증기선을 발명하기도 했던 로버트 풀턴이었습니다. 풀턴은 영국 해군을 격파하려는 나폴레옹에게 목재로 만든 잠수함을 선보였지만 나폴레옹이 별다른 관심을 가지지 않았었다고 합니다. 이후 미국 독립혁명 당시 미국의 발명가였던 데이비드 부슈널이 최초의 군용 잠수함, 터틀Turtle을 만들었습니다. 나무통에 타르를 발라 물이 새지 않도록 하고 테두리를 철로 보강한 것이었습니다. 원래는 수동 드릴을 달아 적군 선박에 구멍을 내고 어뢰를 부착해 격침시키는 것이 목적이었지만, 실제 공격에는 실패했었습니다. 이후 미국 내전에서는 남군이 북군을 봉쇄할 목적으로 잠수함 헌리 함을 사용해 북군의 군함 후사토닉 함을 격침시키기도 하였습니다만, 그 충격으로 헌리 함도 함께 침몰해버렸습니다.

제1차 세계대전에 사용되었던 잠수함 중에는 독일의 잠수함이 가장 주목해볼 만했습니다. 흔히 'U보트'라 불리는 독일 잠수함은 강철로 선체를 만들어 소리가 나지 않고 급속 잠항 능력이 뛰어났습니다. 원래 독일은 프랑스를 격파한 후 병력을 동부전선으로 집결시켜 러시아를 공격하려는 작전을 세웠으나 실패했습니다. 이에 따라 전쟁이 장기화되자 독일은 영국 해안을 봉쇄버렸고, 1917년 2월부터는 봉쇄 구역 안에 들어오는 모든 선박을 공격하는 '무제한 잠수함 작전'을 선언합니다. 성능이 뛰어난 U보트를 내세운 작전이었습니다.

그런데 이 사건은 결국 미국을 제1차 세계대전에 끌어들이는 결과를 가져옵니다. 당시 미국은 중립을 선언하면서 유럽의 전쟁에 개입하지 않고 있었습니다. 제1차 세계대전 발생 이후 미국은 전쟁에 필요한 군수물자를 생산하면서 연합국들과의 교역이 4배 이상 증가했었는데, 이는 미국의 친영적인 경향이 드러난 것이라고 볼 수 있습니다. 그러던 중 1915년 5월에 독일 잠수함이 영국의 대형 여객선인 루시타니아 호를 격침해 124명의 미국인이 사망하는 사건이 발생했습니다. 이뿐만 아니라 1917년 3월에는 독일의 무제한 잠수함 작전으로 미국 상선 4척이 격파되었습니다. 이와 같은 분위기 속에서 멕시코가 미국에게 빼앗긴 영토를 되찾는 전쟁을 벌이면 독일이 이를 돕겠다는 내용의 전보가 공개됩니다. 미국의 참전을 막기 위한 독일의 방책이었던 것입니다. 그러나 이 전보로 인해 결국 1917년 4월 미국은 제1차 세계대전에 참전합니다. 그리고 이듬해 독일의 항복으로 최초의 세계대전은 막을 내렸습니다.

이 전쟁을 계기로 다른 어느 국가들보다 미국에서 가장 큰 변화가 발생했습니다. 19세기 후반부터 발달한 철강 산업을 토대로 미국 경제가 급속하게 발전하고 있었는데, 제1차 세계대전이 이를 더욱 가속화시킨 것입니다. 이제 미국은 20세기 전 세계를 지배하는 새로운 국가로 점차 부상하기 시작했습니다.

10.
현대사회와
우주 시대

"다시 정상으로Return to the Normalcy."

1920년 미국 대통령 선거에서 공화당 후보였던 워런 하딩의 선거 유세 슬로건입니다. 이때 하딩이 주장했던 '정상'은 20세기 초 미국 사회가 직면했던 수많은 문제들을 해결하고 개혁하는 모습이 아니라, 자본주의와 대기업의 독점이 만연했던 19세기 말 미국 사회의 모습이었습니다. 이를 위해 그는 당선 후 대기업의 세금을 50퍼센트 넘게 인하해주는 등 친기업적인 정책을 시행했습니다. 하딩이 갑작스럽게 사망한 뒤 대통령이 된 캘빈 쿨

리지 역시 '프로테스탄트 직업윤리'를 강조하면서, 미국의 발전과 번영을 위해서는 산업이 발전해야 한다고 생각했습니다. 그리고 바로 이 시기에 새로운 산업으로 부상한 것은 자동차였습니다.

　19세기 초에 와트가 증기기관을 개량해 증기선이나 기관차 등에 널리 사용되고 있었지만, 당시 증기기관은 열효율이 10퍼센트 정도밖에 되지 않았습니다. 그래서 증기기관의 효율성을 높이기 위해 내연기관이 발명되었습니다. 내연기관은 기관 내부에서 연료를 연소시켜 열에너지를 동력으로 전환시키는 원동기입니다. 가솔린을 원료로 하는 가솔린기관(가솔린엔진)을 개발한 고틀리프 다임러는 1885년에 이를 2륜 자동차에 장착시킨 라이트바겐을 선보였는데, 바로 최초의 오토바이였습니다. 그리고 1886년은 자동차의 역사에서 매우 중요한 해였습니다. 독일 기술자인 카를 프리드리히 벤츠가 최초로 '말 없이 달리는 마차'를 만들어 1886년에 특허를 받았기 때문입니다. 같은 해에 다임러는 4륜 자동차를 처음 만들었습니다. 이들의 자동차는 1914년 제1차 세계대전이 발발하기 직전까지 유럽 여러 지역에서 판매되었습니다.

　대서양 건너편에서는 1908년에 헨리 포드가 '모델 T'를 출시

헨리 포드와 모델 T

했습니다. 모델 T의 생산은 미국의 제철 산업을 더욱 급속하게 발전시켰습니다. 당시 미국 전체 철 생산량의 10퍼센트 이상이 자동차를 제조하는 데 사용될 정도였습니다. 자동차는 철강, 니켈, 알루미늄, 고무 등으로 만들어지는데 사실상 철강이 가장 중요한 재료라고 볼 수 있습니다. 자동차 엔진이나 크랭크축 밸브, 기어 등 대부분의 부품들이 철강으로 만들어지기 때문입니다. 고무 타이어 역시 강철로 된 바퀴와 함께 구성되어 있습니다. 특히 포드 자동차회사는 세계 최초로 바나듐(V) 강철을 사용해 자동차를 생산했습니다. 원자번호 23번인 바나듐은 단단하면서도 늘이거나 펴기가 쉽습니다. 또, 강철과 합금했을 때 강도가 3배 이상 강화된다는 특징도 있었기 때문에 포드 자동차회사에서 이를 사용한 것입니다. 비록 미국에서 최초로 자동차가 발명된 것은 아니었지만, 제철 산업과 상호 보완하면서 미국의 자동차 산업은 급속도로 발전하기 시작했습니다.

모델 T의 또 다른 특징은 최초의 대량생산 자동차였다는 점입니다. 미국 내전이 끝나고 19세기 후반 급속한 산업화가 시작되면서 생산을 과학적으로 관리하고자 하는 시스템이 등장했습니다. 미국 경영학자 프레더릭 윈즐로 테일러는 일일 작업량을 결정하고 표준화된 작업 조건을 제시하면서 체계적인 생산관리를 시작했습니다. 포드는 이러한 '테일러 시스템'과 컨베이어 장치를 이용한 '조립라인'을 고안함으로써 대량생산 시스템을 구축했습니다. 흔히 '포드 시스템'이라고 부르는 이와 같은 과정을 통해 생산 시간이 단축되었고, 작업 능률 역시 향상되었습니다.

대량생산 시스템은 자동차뿐만 아니라 미국의 여러 산업에 획기적인 변화를 야기했습니다. 생산을 표준화하여 작업 과정이 세분화되었고, 이에 따라 노동자의 일이 반복적으로 진행되는 일정한 작업으로 바뀌다 보니 여성이나 아이들 역시 일할 수 있게 되었기 때문입니다. 그리고 단순한 작업에는 기계가 도입되기 시작했습니다. 대량생산 시스템으로 제품이 표준화되는 동시에 품질이 보장될 수 있었고, 무엇보다도 제조원가가 하락했습니다. 모델 T가 처음 출시된 1908년에는 가격이 850달러였습니다. 당시 미국 노동자의 월급이 70달러 정도였던 것을 고려한다면 자동차는 노동자들이 1년 이상을 꼬박 저축해야 구매할 수 있는 값비싼 상품이었습니다. 하지만 이후 모델 T의 가격이 점차 하락했는데, 대량생산 시스템으로 제조 비용이 낮아졌기 때문이었습니다. 1925년 모델 T의 가격은 250달러로 낮아졌습니다. 출시 첫해에 6,800대 정도가 판매되었고, 1927년 생산이 중단될 때까지 총 1,500만 대가 판매되었습니다. 통계에 따르면, 1920년대 당시 미국인 5명 가운데 1명이 자동차를 소유하고 있었습니다.

자동차가 미국 사회에 급속하게 확산된 것은 자동차의 가격 하락뿐만 아니라 노동자 임금 상승과도 밀접한 관련성을 가지고 있습니다. 1914년 하루에 9시간 일하는 노동자의 임금은 2.38달러였습니다. 포드 자동차회사는 노동자들의 근로 시간을 8시간으로 단축하고 임금을 5달러로 약 2배 정도 인상했습니다. 그리고 전쟁이 끝난 1918년에는 6달러로 인상했습니다. 이제 노동자들의 생활은 과거 어느 때보다 풍요로웠습니다. 화학과 전기공업이 발전함에 따라 라디오, 청소기, 세탁기, 냉장고 등 새로운 가정용 전기기구가 이른바 '혁명'을 일으키면서 미국인들의 생활은 더욱 편리해졌습니다. 많은 역사학자들은 이 시기를 '번영의 시대'라고 부릅니다. 그리고 이와 같은 번영은 제철 산업과 자동차 산업의 발전 덕분에 가능했던 것이었습니다. 이런 상황에 대해, 미국 제31대 대통령 허버트 후버는 1929년의 취임 연설에서 "빈곤에 대한 최후의 승리가 도래했다"라고 강조하기도 했습니다.

✞

그러나 전례 없던 경제적 번영은 그리 오래 지속되지 못했습니다. 7개월 후인 1929년 10월 29일에 주식시장이 붕괴되었고, 이날은 '암흑의 화요일Black Tuesday'로 기억되고 있습니다. 뉴욕 증권거래소의 주가가 50퍼센트 이상 폭락하면서 1929년 말까지 미국의 경제 손실은 약 400억 달러에 달했습니다. 미국 역사상 최악의 대공황이 시작된 것이었습니다. 대통령 선거가 치러지는 1932년까지 미국의 실업자는 10배 이상 급증했고, 국민 소득은 3분의 1 수준으로 급감했습니다. 이와 같은 상황은 비단 미국만의 문제가 아니었습니다. 제1차 세계대전 이후 미국의 달러 공급으로 유지되었던 유럽 경제는 더욱 심각한 타격을 받았습니다.

특히 전후 배상금으로 심각한 경제적 어려움에 직면해 있던 독일은 이런 위기를 감당하지 못하고 결국 베르사유 조약* 파기를 주장하면서 군대를 집결시키기 시작했습니다. 그리고 1939년 9월 1일, 독일은 선전포고 없이 폴란드를 침공했습니다. 뒤이어 영국과 프랑스가 독일에 선전포고를 하면서, 유럽에서는 다시 한 번 전쟁이 발발했습니다. 이것이 바로 제2차 세계대전입니다.

● 1919년 제1차 세계대전의 전후 처리를 위하여 연합국과 독일이 맺은 평화조약을 말합니다. 독일의 영토 축소, 군비 제한, 배상 의무, 해외 식민지의 포기 등의 조항을 포함하고 있습니다.

25년 전에 발생했던 제1차 세계대전과 마찬가지로 제2차 세계대전에서도 전쟁에서 승리하기 위해 연합국과 추축국 모두 치명적인 전쟁 무기를 개발하기 시작했습니다. 제2차 세계대전의 전쟁 무기들 가운데 가장 핵심적이었던 것은 바로 탱크입니다. 위력이 큰 포나 기관총을 탑재하고 특수 강철판을 덧댄 전투 차량 말입니다. 탱크는 이미 제1차 세계대전 중에 발명되었었지만, 이때의 탱크가 연강으로 만들어졌던 반면 제2차 세계대전의 탱크는 고장력강high tensile steel으로 만들어졌습니다. 고장력강이란 0.2퍼센트 정도의 탄소를 포함한 탄소강에 망간, 니켈, 구리 등을 합금한 것으로, 고장력강을 사용함으로써 탱크의 크기는 키우고 중량은 감소시킬 수 있었습니다.

독일군은 강철판의 두께가 100밀리미터 정도로 두껍고, 88밀리미터 대공포를 장착한 타이거 탱크를 사용했습니다. 타이거 탱크는 무게가 많이 나갔기 때문에 기동력은 연합군의 탱크보다 떨어졌지만 포탄의 위력은 훨씬 강했습니다. 연합군의 탱크는 미국에서 만들어진 셔먼 탱크였습니다. 미국 내전 당시 전면전을 응용했던 북군의 윌리엄 T. 셔먼 장군의 이름을 붙인 탱크로, 강철판의 두께는 약 50밀리미터 정도였고 탱크에 탑재한 포는 76밀리미터 포였습니다. 사실 강철판의 두께나 포의 위력으

타이거 탱크(위)와 셔먼 탱크(아래)

로 본다면 독일군의 탱크와는 감히 대적할 수 없는 정도였습니다. 하지만 셔먼 탱크가 타이거 탱크보다 35배 이상 생산량이 많았기 때문에 때문에 전쟁에서 적극적으로 활용될 수 있었습니다.

제2차 세계대전이 진행 중이던 1940년 12월 17일, 미국 대통령이었던 프랭클린 루스벨트는 '노변담화 fireside chat'를 통해 다음과 같은 이야기를 했습니다.

"옆집에 화재가 발생했는데, 그 집주인이 화재를 진압하기 위한 호스를 빌려달라고 요청하면 어떻게 할 것인가? 호스를 빌려주지 않았다가 내 집까지 불타게 되면 어떻게 할 것인가?"

이후 1941년 3월, 미국 의회에서 「미합중국 방위 촉진을 위한 조례」, 일명 「무기대여법 Lend-Lease Act」이 통과됩니다. 비록 미국이 제2차 세계대전에는 참전하지 않지만, 미국 방위에 필요하다고 인정되는 나라들에게 무기를 대여하겠다는 내용의 법입니다. 셔먼 탱크는 이 법이 통과된 이후 연합국에 보급되기 시작한 것이었습니다.

1944년 6월 6일, 연합군은 나치가 점령하고 있던 프랑스령 노르망디에 상륙하기 위해 셔먼 탱크의 양측에 부항 스크린을 설치하고 탱크의 뒤쪽에는 두 개의 스크루를 설치해 앞으로 나아갈 수 있도록 개조했습니다. 수륙양용 탱크가 탄생한 것입니다. 하지만 사실상 두 개의 스크루로 30톤 이상의 강철 덩어리(셔먼 탱크)를 움직이는 것은 상당히 어려웠고, 천으로 만들어진 부항 스크린은 쉽게 파손되었습니다. 결국 27대의 셔먼 탱크 가운데 25대가 오마하 해안에 제대로 상륙하지 못했고, 오직 2대만이 상륙작전에 투입될 수 있었습니다. 그럼에도 불구하고 '도널드 덕'이라는 별명을 가지고 있는 이 강철 탱크 덕분에 연합군은 유럽을 재탈환하기 위한 거점을 가까스로 마련할 수 있었습니다.

제2차 세계대전에 사용된 또 다른 전쟁 무기로는 철갑탄을 들 수 있습니다. 철갑탄은 전차나 군함의 강철판을 관통시키기 위해 사용되는 포탄인데, 강철판을 뚫을 수 있도록 탄환의 끝부분이 특수강으로 만들어져 있었습니다. 철갑탄의 위력은 탄환의 견고함과, 탄환을 앞으로 밀어내는 운동에너지에 의해 결정됩니다. 이 때문에 주로 대전차용으로 제작된 전차포에서 사용되었습니다.

이와 같이 제2차 세계대전에서는 그 어느 전쟁보다도 강철을 사용한 전쟁 무기가 중요했습니다. 특히 독일에서는 전쟁 물자와 생활 물자를 함께 생산했기 때문에 탱크나 포탄을 만들기 위한 철을 확보하는 것이 더욱 중요했습니다. 당시 독일 해군 제독이었던 카를 되니츠는 총통인 아돌프 히틀러에게 효율적인 전쟁 수행을 위해 철 생산량의 6~8퍼센트를 확보해줄 것을 끊임없이 요구했다고 합니다. 독일, 이탈리아와 함께 제2차 세계대전을 일으켰던 일본 역시 예외는 아니었습니다. 일본 투자가였던 고레카와 긴조가 일본이 전쟁에서 이기기 위해서는 철 생산량을 확보하는 것이 매우 중요하다고 주장하기도 했습니다. 우리나라에도 이런 역사적 모습이 남아 있습니다. 경상북도 영양에 위치한 일월산에는 제련소 구조물이 있는데, 전쟁 무기를 생산하기 위해 일본이 우리나라에서 철광석을 수탈해 간 식민지 역사의 흔적입니다.

1945년 8월 15일, 추축국 가운데 마지막까지 항전하던 일본이 연합군에 무조건항복을 선언하면서 제2차 세계대전은 종식되었습니다. 하지만 세계는 여전히 평화롭지 않았습니다. 전쟁 이후 새로운 강대국으로 부상한 미국과 구소련의 갈등과 대립이 이른바 냉전시대를 야기하고 있었기 때문입니다.

⚜

이와 같은 양극화 체제는 20세기 후반에 시작된 우주 시대와 더불어 더욱 심해졌습니다. 1957년 10월 4일, 구소련이 세계 최초로 인공위성 스푸트니크 1호를 발사했습니다. 이어 11월에는 개를 한 마리 태운 스푸트니크 2호가 발사되었습니다. 우주 시대에 앞서가던 구소련은 이어 1961년 4월에 최초의 유인우주선 보스토크 1호를 발사했습니다. 당시 우주 비행사였던 유리 가가린은 세계 최초의 우주인이 되었습니다.

미국과 구소련의 우주 경쟁에서도 철은 매우 중요했습니다.

보스토크 1호

우주선을 만드는 재료이기 때문입니다. 우주선은 초합금superal-loys으로 만들어집니다. 이는 철 함량을 50퍼센트 미만으로 낮추고 대신 니켈과 크로뮴의 함량을 증가시켜 만든 것입니다. 내열강heat resisting steel이 일반적으로 650도까지 견딜 수 있는 반면, 초합금은 더 높은 온도에서도 강도를 유지할 수 있었습니다. 이러한 특징 때문에 초합금은 우주선뿐만 아니라 제트기관(제트엔진)에도 사용됩니다. 제트엔진은 기관 내부에서 연료를 연소시켜 발생하는 고온 가스의 반동력을 이용하는 장치입니다. 하지만 공기 중의 산소로 연료를 연소시키기 때문에 우주선처럼 대기권을 벗어날 수는 없습니다. 제트엔진은 주로 대기권 내에서 이동하는 비행기에 많이 사용됩니다.

1969년 7월 20일, 인류는 최초로 달에 착륙했습니다. 구소련보다 인공위성이나 우주선 발사에 뒤처졌던 미국이 우주개발에 더욱 적극적으로 도전한 결과였

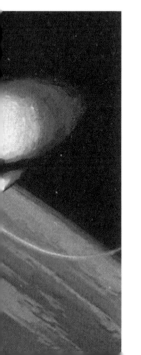

습니다. 그런데 최초로 달에 착륙한 유인우주선 아폴로 11호 이전에 아폴로 10호가 있었습니다. 아폴로 10호는 달 표면에 가장 가까이 접근했던 유인우주선이었습니다. 그리고 우주 공간에서 이 모습을 생중계해 컬러텔레비전으로 송출했습니다.

여담이지만, 이 방송에서도 철은 중요한 역할을 담당했습니다. 1954년 섀도마스크shadow mask를 탑재한 텔레비전 수상기가 발명되었습니다. 섀도마스크는 약 30만 개의 구멍이 규칙적으로 배열된 철판으로, 스크린 안쪽에 부착되어 있었습니다. 이 구멍을 통해 적색, 녹색, 청색의 빛이 형광판에 도달하면서 컬러 화면을 만드는 것입니다. 1961년 9월에 월트 디즈니사가 〈월트 디즈니의 놀라운 색상 세계Walt Disney's Wonderful World of Color〉라는 프로그램을 방영한 이후 컬러텔레비전의 수요가 급속히 증가했고, 훗날 달의 모습이 중계될 수 있었습니다.

인공위성과 우주선이 발사되면서 우주정거장도 건설되기 시작했습니다. 구소련은 1971년에 살류트 1호라는 우주정거장을 건설했고, 미국은 1973년에 스카이랩이라는 우주정거장을 건설했습니다. 그런데 우주정거장 역시 철이 없다면 존재할 수 없습니다. 우주정거장의 구조용 재료로 사용되는 것은 바로 합금강과 알루미늄이기 때문입니다. 이 중 합금강alloy steel은 철과 탄

미국의 우주정거장, 스카이랩

소의 결합물인 강에 니켈, 크로뮴, 텅스텐과 같은 원소를 첨가해서 만든 것입니다. 또, 철강 중에 가장 강도가 높은 초강력강ultra high steel이 착륙장치를 건설하는 데 사용되며 엔진이나 배기관 등에는 스테인리스강이 사용됩니다. 그야말로 다양한 종류의 철들의 집합소가 바로 우주정거장인 셈입니다.

✟

2016년 3월, 전 세계의 이목이 집중되는 사건이 하나 발생했습니다. 구글 딥마인드사가 개발한 인공지능 바둑 프로그램인 알파고와 우리나라의 바둑 챔피언 이세돌 9단의 대국이 열렸기 때문입니다. 이 대국에서 알파고는 이세돌 9단에게 4승 1패로 이겼습니다. 이후 알파고는 온라인 대국에서 60전 전승을 거두기도 했습니다. 이제 컴퓨터가 인공지능을 갖추고 스스로 학습할 수 있는 시대가 온 것입니다. 많은 사람들이 컴퓨터가 인간의 능력을 넘어선다면 어떤 일이 발생할지 궁금해하고, 또 걱정합니다. 사실 이와 같은 생각은 이미 1997년부터 존재했습니다. 1997년 5월, 러시아 세계 체스 챔피언인 가리 카스파로프가 IBM에서 개발한 슈퍼컴퓨터인 딥 블루와의 대결에서 패배한 일이 있었기 때문입니다. 알파고와 이세돌 9단의 대결, 그리고 카스파로프와 딥 블루의 대결 모두 컴퓨터가 인간에게 승리를 거둔 순간이었습니다.

오늘날 컴퓨터는 우리 생활에 필수불가결한 요소입니다. 컴퓨터는 프로그램에 의해 정보를 처리하는 장치를 의미하는데, 현대사회의 산업과 과학기술 발전에 매우 중요한 역할을 담당하고 있습니다. 1944년 하버드대학교에서 최초의 자동식 계산기를 만들었고, 1945년 펜실베이니아대학교에서 진공관을 사용한 최초의 컴퓨터 에니악을 발명했습니다. 1960년대 중반부터 반도체 기술이 발전하면서 진공관 대신 트랜지스터를 사용했고, 오늘날에는 복잡한 기능을 처리하기 위해 많은 소자element를 하나의 칩 안에 연결해놓은 집적회로를 사용합니다.

이와 같은 컴퓨터를 만들 때도 당연히 철이 사용됩니다. 컴퓨터는 기억장치에 의해 자동으로 데이터를 처리합니다. 기억장치가 초기에는 초음파와 수은으로 만들어지다가 이후에는 유리 기판에 퍼멀로이Permalloy 막을 사용했는데, 바로 이 퍼멀로이가 철과 니켈의 합금입니다. 퍼멀로이는 약한 자기장에서 쉽게 반응하기 때문에 전기통신 산업에서 많이 사용되고 있습니다. 반도체 칩에 전기를 공급하고 이를 지지하는 리드 프레임lead frame

역시 퍼멀로이로 만들어집니다. 철은 이와 같이 최첨단 산업이 발전하는 데 꼭 필요한 재료입니다.

그뿐만 아니라, 최근 새로운 재생 가능 에너지로서도 철이 각광을 받고 있습니다. 2005년 미국에서는 철과 알루미늄 등의 금속을 자동차 연료로 이용할 수 있는 방법이 발견되었습니다. 강철로 만들어진 자동차의 연료로 철을 사용한다니 재미있는 생각이 아닐 수 없습니다. 연구팀에 따르면, 철이나 알루미늄과 같은 금속을 잘게 부수어 분말로 만들면 접촉 면적이 넓어져 산소와 쉽게 결합하기 때문에 폭발을 일으킬 수 있다고 합니다. 물론 철을 산소와 결합시키기 위해서는 2,000도 이상의 열로 가열해야 하기에, 자동차 엔진으로는 도저히 불가능한 현상입니다. 하지만 최근 나노 기술이 발전하면서 철가루를 50나노미터 정도로 작게 만들면 250도 정도에서도 연소시킬 수 있다는 사실이 입증되었습니다. 철을 연료로 사용하는 기술이 실용화될 수 있다는 것입니다. 나노 철은 연소시킨 후에 나오는 재도 거의 없고, 산화와 환원을 통해 다시 철로 만들 수도 있습니다. 게다가 이렇게 철 연료가 만들어질 경우 휘발유나 경유보다 효율성이 1.5배 정도 더 높다고 하니, 18세기 중반 산업혁명에서 사용되었던 석탄이나 석유보다 훨씬 우수한 만능 에너지가 아닐 수 없습니다.

2003년 미국항공우주국은 쌍둥이 화성 탐사선을 발사했습니다. 바로 스피릿과 오퍼튜니티입니다. 이 두 로봇은 2004년에 화성 표면에 도착한 이후 물과 생명체의 흔적을 찾기 위한 탐사를 진행했습니다. 이 과정에서 스피릿은 화성 적도 남쪽에 위치한 구세프 분화구를 발견했습니다. 과학자들은 이 분화구에서 여러 암석층을 발견했는데, 만약 이 지역이 과거에 물이 존재했던 호수였다면 암석에 퇴적층이 형성되었을 것이라고 생각하고 있습니다.

그리고 메리디아니 평원에서 광물을 조사하던 오퍼튜니티는 철과 니켈이 풍부한 운석을 발견했습니다. 이와 같은 운석에서는 철을 얻을 수 있는데, 지구에도 이런 흔적이 있습니다. 이집트 고분에서 발굴된 철 구슬은 기원전 3500년경의 것으로 추정되고 있습니다. 그런데 고고학자들이 중성자와 감마선을 쫴어 구슬의 성분을 분석한 결과, 운석에서 얻은 철에서만 나타나는 코발트, 인, 게르마늄 등이 발견되었습니다. 결국 이 철 구슬을 만든 철은 지구에 떨어진 운석으로부터 얻어졌던 것입니다.

즉, 화성에서 발견된 물의 흔적과 철 운석은 35억 년 전의 지구에서처럼 화성에서도 생명체가 존재했을 가능성을 보여주는

화성 탐사선, 오퍼튜니티

것일지 모릅니다. 이와 같은 관점에서 본다면 철은 제2의 골디락스 행성을 찾는 중요한 열쇠일 수 있습니다. 우주 시대 우리의 미래가 철에 달려 있는 것입니다.

BIG HISTORY

제2부

138억 년의 빅히스토리,
그리고 미래

CHRONICLE OF IRON

1.
우주의 시작,
빅뱅

　1687년 영국 물리학자 아이작 뉴턴은 자신의 연구 결과를 기록한 저서를 출판했습니다. 제목은 『자연철학의 수학적 원리』, 일명 『프린키피아』입니다. '원리'라는 뜻을 지닌 『프린키피아』에서 뉴턴은 질량을 가진 물체 사이에 작용하는 힘인 만유인력과 그 법칙에 대해 설명했습니다. 이 법칙은 17세기 초에 발견된 케플러의 법칙을 설명하려던 과정에서 유래한 것이었습니다. 17세기 초 독일 천문학자 요하네스 케플러는 자신의 스승인 티코 브라헤가 관측한 행성 운동 자료들을 토대로 행성 운동의 규칙성을 발견했습니다. 행성들이 타원궤도에 따라 태양의 주변을 돌고 있다는 것과 태양에 가까울수록 공전 속도가 빨라지고 멀수록 느려진다는 것 등이었습니다. 뉴턴은 '어떤 물리량이 물체 간 거리의 제곱에 반비례한다'라는 역제곱 법칙을 이용해 행성 역시 이 역제곱 법칙이 적용된다는 가정을 세우고, 이를 통해 케플러의 세 가지 법칙을 증명해냈습니다.

뉴턴은 지구의 물체를 붙잡고 있는 힘이 바로 중력인데, 중력역시 물체 간 거리의 제곱에 반비례한다는 사실도 밝혔습니다. 이 외에도 이 힘이 지구뿐만 아니라 우주 전체에 존재한다는 이론적 근거를 제시했습니다. 이러한 점에서 자연철학을 설명하는 수학적 원리들을 수록한 뉴턴의 『프린키피아』는 보편적인 근대 물리학 이론이 탄생하게 된 계기라고 할 수 있습니다.

이후 오랫동안 뉴턴의 법칙은 우주와 세상을 설명하는 기본 토대가 되었습니다. 그리고 많은 과학자들은 시간과 공간이 절대 불변의 실체이자 법칙이라는 뉴턴의 주장을 토대로 우주가 본질적으로 변화하지 않는다고 생각했습니다. 우주의 중심은 지구라고 주장했던 아리스토텔레스의 우주관을 약 2,000년 동안 믿었던 것과 마찬가지로, 많은 과학자들이 1960년대까지 시간과 공간을 초월한 보편적 우주관을 믿어왔습니다. 그런데 20세기 초부터 우주가 팽창하고 있다는 과학적 증거들이 발견되

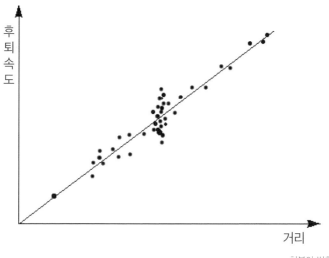

기 시작했습니다. 미국 천문학자 에드윈 허블은 은하들이 바깥 쪽으로 이동하고 있다는 사실을 발견했습니다. 은하의 이동속 도가 거리와 비례한다는 '허블의 법칙'이 밝혀지면서 우주가 팽 창하고 있다는 사실은 더욱 명백해졌습니다.

허블의 법칙이 발견된 이후 과학자들은 우주 팽창과 관련된 여러 가지 주장들을 제기했습니다. 이 가운데 한 가지가 바로 '우주 폭발'입니다. 과학자들은 물질과 에너지를 가진 아주 작은 공간으로부터 우주가 시작되었다고 가정했습니다. 이와 같은 가정에 따르면, 그 공간은 매우 뜨겁고 급속하게 팽창하기 때문에 마치 폭발하는 것처럼 보입니다. 구소련 물리학자 조지 가모프 역시 이와 같은 이론을 믿었던 과학자였습니다. 1946년 그는 우주가 폭발했을 때 남은 파편들의 온도를 계산해서 대폭발로 우주가 형성되었다는 이론을 제시했습니다. 그리고 오늘날 대부분의 과학자들이 138억 년 전 우주가 탄생한 이 사건을 믿습니다. 바로 현대사회의 가장 믿을 만한 우주 기원 이야기, '빅뱅 이론'입니다.

물론 우주의 시작에 대한 관심은 아주 오래전부터 존재했습니다. 전 세계의 다양한 창조 신화에서 이에 대한 이야기를 쉽게 발견할 수 있습니다. 예를 들어, 중국의 신화에서는 우주가 계란 모양의 혼돈 상태였다가 반고라는 거인이 계란을 깨고 나와 하늘과 땅을 만들었다고 합니다. 그리고 그가 죽은 후 태양과 달과 별이 만들어졌다고 설명합니다. 그리스 신화에서도 모든 것이 뒤섞여 있던 상태에서 땅과 어둠이 나타났고, 이후 여러 명의 신들이 등장했다고 우주의 기원을 설명하고 있습니다. 오늘날은 이와 같은 창조 신화들이 더 이상 우주의 시작에 관한 적합한 설명으로 간주되지 않습니다. 이런 이야기들은 증명할 수 있는 정확한 증거들이 존재하지 않기 때문입니다.

결국 오늘날 우리가 빅뱅 이론을 믿는 것은 바로 과학적 증거 때문입니다. 증거는 '정보와 지식을 수집할 때 그 진위를 파악할 수 있는 명백한 것'을 의미합니다. 우리의 생각이 옳다는 것을 보여줄 수 있는 하나의 수단이기도 합니다. 138억 년 전의 빅뱅을 우주의 시작으로 간주하는 것은 다양한 창조 신화들과 달리 여러 가지 과학적 증거들을 토대로 하고 있습니다.

이러한 과학적 증거들 가운데 한 가지가 '우주배경복사'입니다. 우주는 초기에 매우 뜨거웠다가 온도가 점차 낮아졌습니다. 그리고 에너지와 빛이 자유롭게 이동하기 시작하면서 엄청난 에너지가 방출되었다고 합니다. 1964년 이때 방출된 에너지에 해당하는 빛의 파장이 발견되었는데, 이 파장을 우주배경복사라고 합니다. 이와 같은 과학적 발견은 우주의 시작과 팽창을 설명하는 데 매우 중요한 증거가 됩니다.

이 외에도 오늘날 과학자들은 빅뱅 이후 우주에 나타난 변화들을 설명해줄 여러 가지 과학적 증거들을 제시하고 있습니다. 빅뱅이 발생한 이후 10~36초가 지나자 우주에는 새로운 에너지들이 나타났습니다. 바로 중력과 전자기력, 강한 핵력과 약한 핵

WMAP이 촬영한 우주배경복사

력이었습니다. 그리고 물질이 등장하면서 우주는 급속하게 팽창했습니다. 빅뱅이 발생한 이후 38만 년이 지나면 원자가 만들어지고 별과 은하가 만들어지는 등 우주는 조금씩 더 복잡해지기 시작합니다.

허블의 법칙이나 우주배경복사와 같은 과학적 증거들의 발견은 우주관의 변화를 초래했습니다. '우주는 어떻게 시작되었을까?'라는 빅퀘스천big question에 대한 대답을 찾는 과정 속에서 사람들은 오랫동안 혼돈의 상태에서 무엇인가 나타나 우주와 세상을 형성했다는 창조 신화를 믿어왔었고, 따라서 우주는 변하지 않는다고 믿었습니다. 그러나 믿을 만한 과학적 증거들이 발견되고 제시되자 이와 같은 우주관은 자연스럽게 점차 변하기 시작했습니다. 즉, 빅뱅 이론은 우주의 시작과 그 이후에 나타났던 변화들을 명백한 과학적 증거들을 토대로 설명한다는 점에서 과거의 우주관과 차별성을 지닌다고 할 수 있습니다.

물론, 빅뱅 이론이 우주의 시작에 대한 절대적이고 충분한 설명이라고 할 수는 없습니다. 빅뱅이 발생하기 이전이나 빅뱅의 순간을 설명해줄 수 있는 증거들도 아직 발견되지 않았습니다. 현대 과학의 한계점인 걸까요? 여전히 빅뱅 이론이 가지는 한계점을 극복하고 보완하기 위한 다양한 시도들이 나타나고 있으며, 만약 새로운 과학적 증거들이 발견된다면 빅뱅 이론에서 주장하고 있는 내용 역시 수정되어야 합니다. 지식과 정보가 축적되면서 창조 신화, 정적 우주론으로부터 빅뱅 이론에 이르기까지 우주의 시작을 설명하는 방식은 지금까지 다양하게 변화해왔으며, 앞으로도 새로운 과학적 증거들의 발견으로 빅뱅 이론 역시 변화해갈 것입니다. 우리는 이렇게 변화하는 속에서 '우주의 기원에 관한 빅퀘스천의 답'을 보다 다양한 관점과 시각으로 살펴볼 수 있습니다. 이것이 바로 빅히스토리가 인간을 넘어 우주의 시작으로 그 지평을 확대하려는 이유입니다.

2.
별의 일생과
은하

모든 별 가운데 가장 아름다운 별은 우리들의 별입니다. 저 '목동의 별' 말입니다. 우리가 새벽에 양떼를 몰고 나가거나 저녁에 다시 몰고 돌아올 때 한결같이 우리를 비춰주는 별이랍니다. 우리들은 그 별을 '마글론'이라고 부릅니다. '프로방스의 피에르'를 쫓아가 7년에 한 번씩 결혼을 하는 예쁜 마글론 말입니다.

19세기 후반 프랑스 소설가 알퐁스 도데의 소설 「별」에 나오는 내용입니다. 소설에서는 양치기가 주인 아가씨에 대해 느끼는 순수한 사랑의 감정을 서술하고 있습니다. 여기에서 '모든 별 가운데 가장 아름다운 별'이 등장합니다. 양치기가 설명하는 이 '목동의 별'은 바로 직녀성으로, 거문고자리에서 가장 밝은 알파별입니다. 그리고 '프로방스의 피에르'는 염소자리의 베타β 별인 견우성을 의미합니다. 소설에서는 목동의 별(마글론)과 프로방스의 피에르가 7년에 한 번씩 만난다고 전하고 있습니다.

우리나라를 비롯해 중국이나 일본 등 아시아의 여러 지역에서도 직녀성과 견우성에 관련된 이야기가 전해 내려옵니다. 직물을 잘 짜던 옥황상제의 딸 직녀와 소를 잘 몰던 견우는 서로 사랑에 빠졌고, 각자의 일을 게을리하기 시작했습니다. 화가 난 옥황상제는 이 둘을 떨어져 지내게 하면서 1년에 단 하루만 둘이 만나는 것을 허락해주었습니다. 하지만 1년을 기다린 이들 사이에는 거대한 강이 놓여 있었는데, 바로 은하수입니다. 이때 까마귀와 까치가 모여 오작교를 만들어줘서 견우와 직녀가 만날 수 있었다고 전해옵니다.

수많은 별들이 모여 마치 강이 흐르는 것처럼 보였기 때문에 오랫동안 많은 사람들이 은하수를 강이라고 생각했습니다. 이런 생각은 우리나라에서도 마찬가지였습니다. 은하수를 부르는 고유한 우리말은 '미리내'인데, '용이 노는 내'라는 뜻을 지닌 제주도 방언입니다. 이 말을 통해서 은하수를 강으로 생각했음을 알 수 있습니다.

은하수와 관련된 이야기는 그리스 신화에도 등장합니다. 그리스 신화 최고의 영웅, 헤라클레스와 관련된 이야기입니다. 헤라클레스는 신들의 왕 제우스와 알크메네 사이에서 태어났는데, 알크메네는 신이 아니었습니다. 그러다 보니 제우스의 아내였던 헤라에게 헤라클레스는 얄미운 존재일 수밖에 없었습니다. 인간이 헤라의 모유를 먹으면 불사신이 될 수 있었는데, 헤라클레스를 미워했던 헤라는 그에게 모유를 주지 않았습니다. 결국 제우스는 헤라가 잠든 사이 헤라클레스가 모유를 몰래 먹도록 하는 방법을 택했습니다. 그러나 헤라클레스가 모유를 먹는 힘이 너무 센 나머지 헤라가 잠에서 깨버렸고, 이때 모유가 사방으로 퍼지면서 은하수가 되었다고 합니다. 은하수를 '밀키웨이Milky Way'라고 부르는 것도 바로 이 신화에서 유래한 것입니다.

오랫동안 사람들은 별을 '밤하늘에 반짝이는 것' 이상으로 생각해왔습니다. 북두칠성과 같은 별은 인간의 탄생과 죽음을 주관한다고 믿기도 했습니다. 성경 「마태복음」 2장에서는 동방에서 별을 쫓아온 박사들이 예수가 태어난 곳에 도착했다고 기록하고 있습니다. 예전부터 사람들이 별을 가깝게 생각해왔음을

독수리 성운

알 수 있는 부분입니다. 그런데 사실, 별과 인간 사이에는 정말로 한 가지 공통점이 있습니다. 인간이 태어나서 성장하고 죽는 것처럼 별 역시 탄생하고 소멸한다는 점입니다.

빅뱅 이후 38만 년이 지나면 우주는 매우 균일해집니다. 그러나 다시 시간이 흐르면서 수천분의 1도 정도로 온도의 차이가 나기 시작했고, 결과적으로 다른 부분들보다 조금 더 뜨거운 부분이 생겨났습니다. 이 부분에 중력의 힘이 더 많이 작용하게 되면서 물질들이 모이기 시작했고 성운이 나타났습니다.

그리고 바로 이곳에서 별이 탄생했습니다. 성운이 별의 요람인 셈입니다. 별이 탄생하면서 우주에는 이전에 나타나지 않았던 새로운 변화가 나타났습니다. 우주의 온도가 상승하면서 원자가 양성자와 전자로 분리되었고, 온도가 1,000만 도 이상이 되자 양성자들끼리 충돌하면서 대규모의 에너지 방출이 나타난 것입니다. 그리고 이 에너지 덕분에 별은 이제 빛을 낼 수 있게 되었습니다. 별이 탄생하기 이전의 우주는 차갑고 어두웠지만, 별이 탄생한 후 우주는 점점 더 밝아져갔습니다. 빅뱅이 나타난 지 2억 년이 지나면 우주를 가득 채울 만큼 수도 없이 많은 별들이 탄생하게 됩니다.

별은 질량에 따라 서로 다른 원소를 사용해서 빛을 냅니다.

질량이 커지면서 별은 가장 가벼운 원소인 수소부터 탄소, 네온 (Ne) 등을 사용하다가 가장 마지막으로 철을 사용합니다. 이렇게 다양한 원소를 사용하면서 점점 커지다가, 사용할 수 있는 원소가 감소하게 되면 더 이상 빛을 내지 못하고 결국 죽음을 맞이합니다. 특히 질량이 큰 별은 빛을 내는 원료로서 철을 다 사용하게 될 때 폭발하는데, 이것을 초신성 폭발이라고 합니다.

겨울 하늘에서는 오리온자리를 쉽게 볼 수 있습니다. 그리스 신화에 따르면, 바다의 신 포세이돈의 아들 오리온과 달의 여신 아르테미스는 서로 사랑하는 사이였다고 합니다. 하지만 아르테미스의 쌍둥이 오빠 아폴론은 오리온을 싫어했습니다. 어느 날 아폴론은 바다에서 사냥하고 있는 오리온을 발견하고 아르테미스에게 활쏘기 내기를 청했습니다. 오리온이 과녁임을 전혀 몰랐던 아르테미스는 화살을 쏘았고, 오리온의 머리를 명중시켜 죽게 만듭니다. 그리고 그녀의 슬픔을 달래주기 위해 제우스가 오리온을 밤하늘의 별자리로 만들어주었다고 합니다. 이런 슬픈 이야기가 담긴 오리온자리에는 태양 크기의 800배에 달하는 적색의 거대한 별이 있습니다. 바로 알파별 베텔게우스입니다. 과학자들은 이 별이 곧 수명을 다해 폭발하게 되면 수개월 동안 밤하늘에 보름달처럼 빛날 것이라고 예상합니다. 예상대로라면 21세기 안에 이 초신성 폭발을 관측할 수 있을 것입니다.

초신성 폭발 이후 별의 상태는 상당히 불안정해집니다. 매우 빠른 속도로 팽창하면서 우리가 상상할 수 없을 정도의 엄청난 중력으로 주변의 물질들을 끌어들이지요. 심지어 빛까지 끌어들이는데, 이런 과정 속에서 바로 블랙홀이 발생하게 됩니다. 천체망원경을 비롯한 도구 및 과학기술의 발전 덕분에 많은 과학자들이 블랙홀의 존재에 동의하고는 있지만, 아직까지는 블랙홀에 대해 알려진 것이 거의 없습니다. 빛을 포함한 모든 것을 삼켜버리기 때문입니다. 과학기술이 더 발전해서 더 많은 증거들이 발견된다면 우리는 블랙홀에 대해 더 많은 이야기를 할 수 있을 것입니다.

별이 만들어지면서 우주에는 다양한 규모의 구조가 등장했습니다. 이 중 별들이 모여 형성된 천체의 무리가 은하입니다. 우리의 삶의 터전인 지구와 태양, 그리고 여러 행성들로 구성된 태양계는 '우리 은하'에 속해 있습니다. 과학자들에 따르면 우리 은하에는 태양계와 비슷한 무리가 수천억 개 이상 존재하며, 우리 은하 외부에는 또 수많은 은하들이 존재한다고 합니다. 우리 은하와 가장 가까운 외계 은하는 안드로메다은하로 알려져 있습니다. 그리고 우리 은하나 안드로메다은하 같은 은하가 수천 개 이

블랙홀

상 모이면 초은하단superclusterofgalaxies을 형성합니다. 수천억 개의 별들이 모여 은하단을, 다시 수천 개의 은하단이 모여 초은하단을 형성하는 것입니다.

차갑고 어두운 우주에서 별이라는 존재가 새롭게 나타났습니다. 질량에 따라 서로 다른 크기의 별들이 탄생했고, 별들은 빛을 내기 위해 여러 원소들을 사용하며 서로 다른 일생을 살다가 죽게 됩니다. 별이 탄생하면서 우주에는 다양한 규모의 구조가 나타났고, 이전보다 좀 더 복잡해졌습니다. 별의 탄생이 138억 년의 우주와 생명, 그리고 인간의 역사를 살펴보는 빅히스토리에서 중요한 이유가 바로 여기에 있습니다. 별의 탄생으로 우주에는 새로운 변화들이 나타난 것이고 이와 같은 변화들은 이후 태양계, 지구, 생명체와 더 나아가 인간이 등장하는 데까지 중요한 토대가 되었기 때문입니다.

3.
세상 모든 것의
기원

1907년의 어떤 장례식에서, 사람들의 시선이 한곳에 집중되었습니다. 한 무리의 사람들이 알파벳이 쓰인 팻말을 들고 장례 행렬을 이끌고 있었기 때문입니다. 이날은 원소주기율표를 만든 러시아 화학자 드미트리 멘델레예프의 장례식이었으며, 알파벳 팻말을 들고 있던 사람들은 그의 제자들이었습니다.

멘델레예프가 원소들 사이의 주기성을 처음 발견했던 것은 아닙니다. 이미 1865년에 영국 화학자 존 뉴랜즈가 일명 '옥타브의 법칙'을 발견했었습니다. 원자량에 따라 번호를 매기다가 여덟 번을 주기로 성질이 비슷한 원소가 나타난다는 사실을 알게 된 것입니다. 하지만 뉴랜즈가 발견한 법칙은 상당히 불완전했고, 많은 사람들은 그의 발견을 비웃었습니다. 비슷한 시기 멘델레예프도 당시 발견된 62가지 원소들의 성질을 정리하기 위해 고민하고 있었습니다. 평소 카드 게임을 좋아했던 그는 원소들의 무게를 카드에 적고 비슷한 속성을 가진 원소들을 하나의 세트로 만들어 다시 원자량에 따라 배열했습니다. 이 과정 속에서 그는 원소들 사이에 나타나는 주기성을 발견하게 됩니다. 이렇게 만들어진 것이 바로 멘델레예프의 원소주기율표입니다.

현재 주기율표에는 모두 118개의 원소가 배열되어 있습니다. 몇 년 전에 주기율표에 비어 있던 114번과 116번에 해당하는 원소 플레로븀(Fl)과 리버모륨(Lv)이 발견되었고, 이후로도 113번 원소 니호늄(Nh)과 115번 원소 모스코비움(Mc), 117번 원소 테네신(Ts), 그리고 118번 원소 오가네손(Og)이 발견되었습니다. 특히 일본에서 발견한 113번 원소 니호늄은 아시아에서 최초로 발견한 원소여서 국제적인 관심과 주목을 받기도 했습니다. 멘델레예프가 처음 만들었을 때는 주기율표에 빈 공간이 많았지만 이제 118개의 원소로 가득 차서 더 이상 빈 공간이 없습니다. 하지만 과학자들은 여전히 새로운 원소 발견에 관심을 가지고 있습니다. 그리고 새로운 원소를 발견할 때마다 원소주기율표

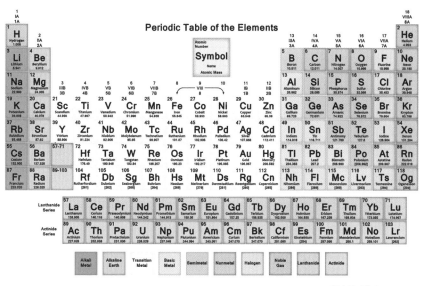

는 계속 변화해갈 것입니다.

　주기율표에 가장 먼저 등장하는 원소는 바로 수소입니다. 수소는 우주에서 가장 먼저 만들어진 원소입니다. 빅뱅이 나타난 지 38만 년이 지나면 양성자와 전자가 결합할 수 있을 정도로 우주의 온도가 낮아집니다. 양성자와 전자가 결합하면서 원자를 형성하는 과정 속에서 가장 가벼운 물질인 수소가 등장한 것입니다. 그리고 별은 수소를 이용해서 빛을 내기 시작했습니다. 시간이 흐르면서 수소 원자들은 이제 서로 융합하기 시작했고, 우주에서는 이전에 나타나지 않았던 현상이 등장했습니다. 바로 새로운 원소가 탄생하는 현상입니다.

수소 원자의 융합으로 헬륨이 새로 만들어졌습니다. 우주의 온도가 높아지면서 수소를 구성하는 양성자가 엄청난 에너지를 가지게 되었고, 서로 격렬하게 부딪히다가 융합하면서 헬륨 핵이 만들어진 것입니다. 이후 우주에는 수소와 헬륨이 만연했습니다. 우리가 가장 잘 알고 있는 별인 태양은 중심 온도가 1,500만 도 이상입니다. 이 정도 온도에서는 수소 양성자들이 융합해서 헬륨을 만들 수는 있지만 헬륨 양성자들이 융합해서 다른 원소를 만들기에는 부족합니다. 그 결과, 태양에서 만들어질 수 있는 원소는 수소와 헬륨뿐입니다.

그러나 별이 헬륨을 모두 사용하고 나면 새로운 원소를 만들기 위한 과정이 시작됩니다. 우주의 온도가 약 10억 도가 되면 헬륨 양성자들이 융합되고, 점점 더 빠른 붕괴·융합 과정을 통해 네온, 산소, 규소를 만듭니다. 그리고 우주의 온도가 30억 도쯤 되면 규소를 철로 만드는 융합이 시작됩니다. 따라서 철을 만들 수 있을 정도로 질량이 크고 온도가 높은 별 안에는 수소에서부터 철에 이르기까지 다양한 원소들이 가득 차게 됩니다. 그리고

태양의 핵융합

별의 중심이 철로 가득해지면 더 이상 융합은 진행되지 않고, 앞서 보았듯이 초신성 폭발이 일어나게 되는 것입니다.

별이 폭발하면서 다양한 원소들이 별의 주변과 우주 전체로 널리 퍼집니다. 그럼에도 불구하고 우주에서 가장 많이 존재하는 원소는 여전히 수소와 헬륨으로, 전체의 약 98퍼센트를 차지하고 있습니다. 따라서 헬륨 이후의 여러 가지 원소들이 우주에서 차지하는 비중은 불과 2퍼센트 내외인 것입니다. 어쩌면 무시해도 좋을 정도로 아주 적습니다. 하지만 이 2퍼센트 내외의 원소들의 다양한 결합으로 생명체, 인간 그리고 세상의 모든 것들이 탄생할 수 있었습니다. 2퍼센트가 우주와 생명과 인간의 역사 속에서 지니는 의미는 매우 큰 셈입니다.

『조선왕조실록』「광해군일기」 20권에는 다음과 같은 기록이 등장합니다.

8월 25일 미시에 품관 김문위의 집 뜰 가운데 갑자기 세숫대야처럼 둥글고 빛나는 것이 나타났다.

1609년 8월 25일에 강원도에서 발견된 미확인비행물체에 대한 기록입니다. 몇 년 전 우리나라와 중국에서 매우 인기를 얻었던 〈별에서 온 그대〉는 바로 이 기록을 토대로 만들어진 SF드라마였습니다. 지구에 떨어진 초능력을 가진 외계인과 톱스타의 사랑을 그린 드라마였기 때문에 우리나라 최초의 'SF로맨스'라는 평가를 받기도 했습니다. 순간 이동이나 시간 정지 등의 능력을 보여주는 남주인공은 조선에 떨어진 외계인이었지요. 말 그대로 '별에서 온 그대'였습니다.

그런데 별에서 온 그대가 단순히 다른 별이나 행성, 혹은 은하에 사는 외계인만 가리키는 것은 아닙니다. 인간을 포함해 지구의 모든 생명체들이 별에서 만들어진 원소들의 다양한 결합으로 만들어졌습니다. 그리고 죽으면 다시 원소로 되돌아갑니다. 생명체뿐만 아니라 세상에 존재하는 모든 것들이 그러합니다. 이러한 점에서 우리가 주변에서 보는 것들은 모두 별에서 온 존재라고 할 수 있습니다. 별에서 만들어진 원소들과 이들의 다양한 결합에 대한 관심이 세상 모든 것의 기원을 살펴보는 데 매우 중요한 이유가 바로 이것입니다.

4.
태양, 지구 그리고 달의
탄생

　이탈리아 로마에는 정사각형 모양의 광장이 있습니다. 바로 캄포 데 피오리 광장인데, 이탈리아어로 '꽃의 들판'이라는 뜻입니다. 과일, 치즈, 꽃 등을 파는 상점들과 노천카페들이 줄지어 있어 수많은 관광객들이 방문하는 명소이기도 합니다. 19세기 말, 전 세계적으로 유명했던 프랑스 작가인 빅토르 위고와 노르웨이 극작가 헨리크 입센 등의 지식인들이 이 캄포 데 피오리 광장에 동상을 세웠습니다. 동상의 주인공은 이탈리아 천문학자이자 철학자였던 조르다노 부르노였습니다. 그가 1600년 2월 17일 바로 이곳에서 화형에 처해졌기 때문입니다. 화형의 이유는 '지동설 지지'였습니다.

17세기 초까지 많은 유럽인들은 지구가 세상의 중심이라고 생각했습니다. 프톨레마이오스는 우주의 중심이 지구이며 태양을 비롯한 별들이 지구의 주변을 공전한다고 믿었습니다. 아리스토텔레스 역시 이 주장을 지지하면서 천동설은 약 2,000년 동안 유럽 자연철학 및 우주관의 핵심이었습니다. 하지만 16세기 폴란드 천문학자 니콜라우스 코페르니쿠스는 다른 견해를 제시했습니다. 그는 지구에서 보이는 별들의 위치가 변한다는 사실을 관찰하다가 지구가 우주의 중심이라면 이와 같은 현상이 발생하지 않을 것이라고 생각했습니다. 이러한 전제를 바탕으로 코페르니쿠스는 천체 관측과 궤도 계산을 통해 지구가 아니라 태양이 우주의 중심이며, 지구는 태양의 주변을 공전하는 것이라는 지동설을 주장했습니다. 당시 교회를 비롯해 사회 전체가 천동설을 굳건히 믿는 분위기였던 만큼, 코페르니쿠스의 주장은 그야말로 충격이 아닐 수 없었습니다.

17세기가 되면서 자연철학에서의 실험과 관찰을 강조하는 사람들이 등장하기 시작했습니다. 이들 가운데 대표적인 사람이 갈릴레오 갈릴레이입니다. 그는 금성을 관찰하면서 천동설로는 금성의 모습이 변화하는 것을 설명할 수 없다고 깨달았습니다. 그뿐만 아니라 망원경으로 목성 주변을 돌고 있는 위성을 발견하면서는 모든 천체가 지구 주변을 돈다고 주장하는 천동설이 잘못된 것임을 밝힐 수 있었습니다. 이후 많은 과학자들이 관찰을 토대로 다양한 과학적 증거들을 제시함에 따라, 오늘날 우리는 더 이상 우주의 중심이 지구가 아니라는 사실을 어렵지 않게 받아들이고 있습니다.

그렇다면 17세기 유럽 사회의 논쟁 대상이었던 태양과 지구는 언제 그리고 어떻게 탄생한 것일까요? 약 45억 년 전, 태양계의 중심부가 점점 뜨거워지면서 여러 가지 원소들과 물질들이 만들어졌습니다. 이와 같은 물질들은 주로 태양을 형성하는 데 사용되었고, 나머지 물질 가운데 가벼운 것들은 멀리 날아가 거대한 기체 행성을 만들었습니다. 대표적인 기체 행성에는 목성, 토성, 천왕성 그리고 해왕성이 있습니다. 반면에 철이나 마그네슘(Mg)과 같이 무거운 물질들은 멀리 날아가지 못하고 지구를 형성했습니다. 그리고 이 과정 속에서 달 역시 탄생했습니다.

전 세계의 수많은 창조 신화들에서 달은 주로 태양과 함께 등장합니다. 아프리카 동부 케냐와 탄자니아 경계의 초원에 거주하는 마사이족은 오랫동안 태양과 달이 결혼한 것이라고 믿었습니다. 그러다가 둘이 크게 싸우면서 상처가 생겼는데, 태양은

지구와 달

자신의 상처를 사람들이 보지 못하게 더욱 빛나게 되었지만 달은 그러지 않았다고 합니다. 태양이 달보다 더 밝게 보이는 이유를 과거에는 이런 방식으로 설명했던 것입니다. 오늘날 멕시코에 해당하는 지역에서는 달이 늘 태양을 쫓아다닌다는 이야기가 전해 내려옵니다. 이와 반대로 남아프리카에서는 태양이 달을 쫓아다니기 때문에 달의 모습이 이지러진다고 생각했습니다. 이와 같이 오랫동안 사람들은 달을 태양과 동일한 층위에서 이해하고 설명하고자 노력해왔습니다.

하지만 오늘날 과학적 증거들은 달의 탄생이 태양보다는 지구와 관련되어 있다는 사실을 명확하게 보여줍니다. 과거에는 지구를 형성하고 남은 물질들로 달이 만들어졌다고 생각했지만, 지구와 달을 구성하는 물질이 서로 다르다는 사실이 밝혀지면서 달의 기원에 대한 탐구가 오늘날까지 이어지고 있습니다. 20세기 중반 이후 많은 과학자들은 미행성이 원시 지구와 충돌하면서 일부가 우주 공간으로 방출되었다고 주장하고 있습니다. 그리고 이들이 모여 달을 형성한 것이라고 합니다. 결국 별에서 만들어진 여러 원소들의 다양한 결합으로 물질이 만들어졌고, 온도와 중력이 증가하면서 태양과 지구 그리고 달이 만들어진 것입니다.

⁜

초기의 지구는 오늘날과는 매우 다른 모습이었습니다. 매우 뜨거웠기 때문에 모든 것이 녹아버렸습니다. 철, 니켈, 마그네슘 등과 같은 무거운 물질들은 지구의 중심으로 가라앉으면서 지구의 핵을 형성했습니다. 좀 더 가벼운 물질들은 핵 위를 떠다니게 되었는데, 이것이 바로 맨틀입니다. 아주 가벼운 물질들은 지각을 구성했고, 가장 가벼운 물질들은 대기를 형성했습니다. 이후 오랫동안 비가 내리면서 지구의 온도가 점차 내려가기 시작했고, 바다가 형성되면서 다른 행성들과는 달리 생명체가 등장할 수 있는 조건들이 만들어졌습니다.

이후 지구의 모습은 계속 변화했습니다. 초기 지구의 대륙은 하나의 거대한 대륙으로 연결되어 있었다고 합니다. 20세기 초 독일 지질학자 알프레트 베게너는 약 2억 5,000만 년 전에 거대한 초대륙인 판게아Pangaea가 형성되었고, 이후 여러 대륙이 갈라져 나와 조금씩 이동하면서 오늘날과 같은 모습이 되었다고 주장했습니다. 처음 베게너가 이와 같은 주장을 제기했을 때에는 많은 사람들이 그를 비웃었습니다. 하지만 지구의 표면이 여러 개의 판으로 구성되어 있고 이 판들이 움직인다는 이른바 '판구조론plate tectonics'의 과학적 증거들이 발견되면서 베게너의 이론은 오늘날 과학자들 사이에서 널리 수용되고 있습니다.

138억 년 전 아무것도 존재하지 않았던 우주에서 빅뱅이 나타났고, 이후 별과 원소가 등장하면서 우주는 점차 변화했습니다. 온도나 중력 차이에 따라 원소나 물질들이 결합하면서 '태양계 형성'과 같이 이전의 우주에는 존재하지 않았던 새로운 현상들도 발생했습니다. 약 45억 년 전에 발생했던 초신성 폭발로 인

초대륙 판게아 상태의 지구

해 태양과 지구를 비롯한 여러 행성들이 탄생했고 달이 만들어 졌습니다. 즉, 태양과 지구와 달을 포함한 태양계는 빅뱅 이후 여러 가지 원소들과 물질들이 만들어지고 서로 결합하면서 나타난 결과입니다. 따라서 우리의 터전인 지구와 태양은 별, 그리고 더 나아가 빅뱅으로까지 그 기원이 거슬러 올라갈 수밖에 없습니다. 우리가 빅히스토리를 통해 138억 년의 우주라는 시간과 공간을 살펴보아야 하는 이유입니다.

5.
생명체의 탄생과
상호작용

이탈리아 중부 토스카나 주의 주도인 피렌체는 14세기부터 16세기까지 유럽 역사에서 매우 중요한 도시였습니다. 교회가 모든 것을 지배하고 있던 억압적이고 획일적인 분위기에서 벗어나 고전시대의 학문과 예술을 부흥시키고, 더 나아가 사회를 개혁하려던 '르네상스'의 발생과 확산에 중요한 역할을 담당했기 때문입니다. 르네상스의 도시답게 피렌체에는 여러 미술관들이 있는데, 그중 우피치 미술관은 사람들이 가장 많이 방문하는 미술관입니다. 미술관의 건물은 1581년에 완공되어 당시 피렌체를 지배했던 메디치가의 집무실로 사용되었으며, 현재에는 전 세계에서 르네상스 시대의 미술 작품이 가장 많이 있는 곳으로 알려져 있습니다.

이곳에는 특히 사람들의 시선을 끄는 작품이 있습니다. 바로 피렌체 화가 산드로 보티첼리의 작품, 〈비너스의 탄생〉입니다. 비너스는 원래 로마 신화에 등장하는 채소밭의 여신이었으나 그리스 신화의 아프로디테와 동일시되면서 이후 미와 사랑을 상징하는 여신이 되었습니다. 르네상스가 발달했던 16세기의 많은 예술가들은 성경과 교회와 관련된 주제 대신 시대를 거슬러 올라가 고전시대의 다양한 신화들을 작품 주제로 선택했습니다. 그리스 서사 시인 헤시오도스에 따르면, 하늘의 신 우라노스와 대지의 여신 가이아 사이에서 태어난 크로노스는 아버지의 남근을 잘라 바다에 던져버렸다고 합니다. 그러자 그 주변으로 거품이 모이면서 아프로디테(비너스) 여신이 탄생했습니다. 보티첼리의 그림은 인간을 비롯해 수많은 생명을 창조했던 '신'이 탄생하는 순간을 묘사한 것입니다.

신화나 전설 등 생명체의 탄생과 관련된 주장들은 아주 오래 전부터 늘 존재해왔습니다. 아리스토텔레스는 자연환경에서 생명체가 저절로 발생했다고 주장했고, 교회가 권위를 가지고 세상을 지배하던 시기에는 하나님이 이 세상의 모든 생명체를 창

보티첼리, 〈비너스의 탄생〉

조했다는 믿음이 만연했습니다. 하지만 20세기 이후 과학기술의 발전과 더불어 실험과 관찰을 통해 수많은 정보와 지식들이 축적됨에 따라 더 이상 이와 같은 주장들은 받아들여지지 않습니다.

빅히스토리의 관점에서는 어떠할까요? 빅히스토리에서도 생명의 탄생에 관해 관찰과 실험을 토대로 하는 과학적 증거들을 강조합니다. 생명체는 여러 가지 특징들을 가지고 있습니다. 생존을 위해 외부로부터 에너지를 흡수하는 물질대사와 자신이 가지고 있는 생물학적 특성을 보존하기 위한 생식, 그리고 환경의 변화에 따라 생존에 유리한 방식으로 변화하는 적응이 그 특징들입니다. 과학적 증거들을 토대로 생명체의 기원과 변화를 살펴볼 때에는 이와 같은 특징들을 설명할 수 있어야 합니다. 이런 점에서 1952년 시카고대학교 연구진들의 '유리-밀러의 실험'은 물과 유기물이 지구 생명체 탄생에 매우 결정적인 조건이었음을 밝힌, 아주 중요한 실험이었습니다.

한 가지 흥미로운 사실은 태양계의 여러 행성들 가운데 생명체가 존재하는 곳이 지구뿐이라는 것입니다. 화성을 비롯해 다른 행성에 살고 있는 생명체의 존재 가능성이 제기되면서 탐험과 관찰이 진행되고 있지만, 지금까지 축적된 지식과 정보에 따르면 지구에만 태양계에서 유일하게 생명체가 존재하고 있습니다. 다른 별이나 행성들과 달리, 지구는 탄소, 산소, 질소 등 다양한 원소들로 구성되어 있으며 무엇보다도 물이 존재하기 때문입니다.

이와 같은 조건들을 토대로 과학자들은 심해 열수구에서 최초의 생명체가 탄생했다고 주장합니다. 다양한 원소들과 물이 존재하는 이곳에서 약 35억 년 전에 최초의 생명체가 탄생했고, 지구의 환경이 변화함에 따라 생명체는 더욱 복잡해졌다는 것입니다. 최초의 생명체는 단세포로 구성되어 있었는데, 점차 수면으로 이동하면서 광합성으로 생존에 필요한 에너지를 얻게 되었습니다. 광합성을 시작하면서 지구에는 산소가 풍부해졌고 이는 곧 새롭고 다양한 생명체의 탄생으로 이어졌습니다.

약 25억 년 전에는 세포막으로 싸인 핵을 가진 진핵생물이 등장했습니다. 10억 년 전쯤에는 최초의 다세포 생명체가 탄생했습니다. DNA를 공유함에 따라 이들은 이전과는 다른 방식으로 지구환경의 변화에 적응하기 시작했습니다. 그리고 4억 7,500만 년 전, 다세포 생명체들이 바다에서 육상으로 이동하면서는 더욱 급격한 변화가 발생했습니다. 가장 대표적인 것으로 폐로 호흡하게 된 점과 육상에서 이동하기 위해 다리가 출현한 점을

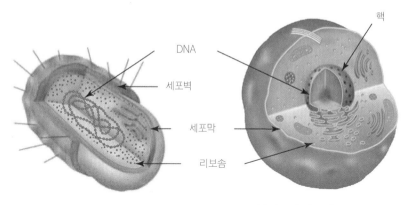

DNA

세포벽

세포막

리보솜

핵

원핵세포(좌)와 진핵세포(우)

꼽을 수 있습니다. 지구에는 점차 더 많은 종들이 나타나기 시작했고, 지구환경의 변화에 적응하는 방식도 더욱 다양해졌습니다. 마침내 6,500만 년 전, 소행성 충돌과 그로 인한 기후변화로 당시 지구를 지배했던 거대 파충류 공룡이 멸종하고 포유류가 나타났습니다.

2007년에 개봉했던 영화 〈스플라이스〉는 새로운 생명체의 탄생에 대한 인간의 관심을 잘 보여줍니다. 영화에서 유전공학자들은 이미 존재하는 다양한 종들의 DNA를 조합해서 새로운 생명체를 만들고자 했습니다. 그리고 이렇게 조합된 유전자에 인간 유전자를 결합시켜서 마치 인간처럼 행동하는 새로운 생명체를 만들어냈습니다. 새로운 생명체의 변이가 인간에게 미치는 치명성을 보여주면서 영화에서는 생물학, 생명공학 등의 발전이 가지고 있는 여러 가지 문제들이 제기되었습니다. 지구의 탄생과 환경 변화라는 거대한 컨텍스트 속에서 나타났던 생명체의 등장과 진화가 인간중심적 가치관 때문에 어떻게 뒤틀리고 파괴될 수 있는지 보여준 것입니다.

최초의 생명체가 탄생한 이후부터 단세포 생명체와 다세포 생명체가 탄생하는 과정에 이르기까지, 35억 년이라는 긴 시간 속에서 오늘날까지 여전히 존재하는 종들이 있는 반면 이미 멸종한 종도 매우 많습니다. 화석이나 지층 연구 등을 통해 종이 변화한다는 사실이 밝혀지면서 종의 진화에 관련된 다양한 주장들이 제기되었습니다. 찰스 다윈은 하나의 종이 가지고 있는 유전학적 정보가 다음 세대로 그대로 전수되는 것이 아니라, 이들 사이에서 진화가 발생하며 생존에 유리한 요소들이 계속 전수된다고 생각했습니다. 결국 생명체에서 나타나는 모든 변화들은 자연환경의 변화에 적응하고 생존하는 목적을 띠고 있다는 것입니다. 동시에 다윈은 생존에 필요한 에너지나 자원이 매우 제한적이기 때문에 여러 종들 사이에서 경쟁이 발생할 수밖에 없고 경쟁에서 이긴 종만 살아남게 된다고도 주장했습니다.

다윈이 주장했던 생존과 진화의 개념을 좀 더 쉽게 이해하기 위해서는 다윈의 '생명의 나무'를 살펴볼 필요가 있습니다. 생명의 나무는 최초의 생명체에서부터 오늘날까지 수십억 년 동안 수많은 종들이 어떻게 탄생했는지 보여줍니다. 무엇보다도 공통 조상으로부터 나온 종이 서로 다른 방식으로 환경 변화에 적응하면서 전혀 다른 종으로 발전해온 과정을 잘 보여주고 있습니다. 따라서 생명의 나무는 생명체의 탄생뿐만 아니라 다양한 진화가 어떤 방식으로 나타났는지 이해하는 데 매우 중요합니다. 이와 같은 개념은 인간의 등장과 진화를 살펴볼 때에도 예외가 아닙니다.

최초의 생명체가 탄생한 이후 지구에서는 수없이 다양한 종들이 나타났고, 이들은 지구의 환경 변화에 따라 서로 다른 방식으로 적응하고 진화했습니다. 이러한 관점에서 본다면, 지구와 생명체의 관계는 결코 일방적인 관계가 아닙니다. 수십억 년 동안 지구와 생명체는 상호작용해왔으며, 인간 역시 예외는 아니었습니다. 빅히스토리는 이와 같은 관계를 광범위하고 다양한 시간·공간적 규모 속에서 보여주고 있습니다. 그리고 우리는 지구가 결코 인간만의 것이 아니라 오랜 시간 동안 다양한 종들이 함께 공존해온 삶의 터전이라는 점을 더욱 분명하게 이해할 수 있습니다.

6.
대멸종과
공생

1999년 일곱 번째 달, 거대한 공포의 대왕이 하늘에서 내려오리라.

　16세기 프랑스 예언가 미셸 드 노스트르담의 지구 멸망에 관한 예언입니다. 많은 사람들은 그를 노스트라다무스라고 부릅니다. 그의 사후에 발간된 『백시선』은 총 10부로 구성되어 있으며, 각 부마다 4행시가 100편씩 수록되어 있습니다. 주로 16세기 이후 발생하게 될 전염병, 전쟁, 자연 재해 등의 재난에 대해 언급하는 내용입니다. 그런데 많은 사람들이 독일 히틀러의 집권과 제2차 세계대전의 발발, 그리고 2001년에 발생했던 9·11 테

러에 이르기까지 노스트라다무스의 예언 속에서 역사적 현상들을 해석하면서 인류와 지구의 멸망에 대한 관심이 고조되기도 했습니다.

하지만 시간적 그리고 공간적 범위를 좀 더 확대해본다면 인류의 멸망은 지구 역사 속에서 이미 여러 차례 발생했습니다. 지구에는 오늘날 현생인류의 조상인 호모 사피엔스뿐만 아니라 호모속에 속하는 여러 종들이 살고 있었기 때문입니다. 또, 좀 더 시간을 거슬러 올라가면 약 700만 년 전에 인류와 영장류의 공통 조상에서 분화된 사헬란트로프스 차덴시스*Sahelanthropus tchadensis* 이후로 다양한 인류의 종들이 등장했다가 사라졌음을 알 수 있습니다. 물론 이와 같이 여러 종이 등장하고 사라지는 것은 인류에게 국한된 현상이 아닙니다. 오히려 지구의 수많은 생명체들에게 공통적으로 발생했던 일입니다.

약 35억 년 전에 지구에 최초의 생명체가 탄생한 이후 수없이 많은 종들이 발생했고, 이들 가운데 99퍼센트는 멸종했습니다. 지구에서는 최소 열한 차례의 멸종이 발생했고, 여기에는 다섯 차례의 대멸종이 포함되어 있습니다. 최초의 대멸종은 약 4억 4,300만 년 전에 발생했습니다. 당시 바다에 살고 있던 생명체들 가운데 절반 이상이 사라졌다고 합니다. 이와 같은 대멸종의 원인은 아직 명확하게 밝혀지지 않았습니다. 일부 과학자들은 이 시기에 나타났던 초신성 폭발과 더불어 우주에서 가장 강력한 폭발인 감마선 폭발이 발생하면서 오존층이 파괴되고 자외선에 노출되어 대멸종이 발생했을 것이라고 주장합니다.

두 번째 대멸종은 약 3억 7,000만 년 전에 발생했습니다. 당시 지구 기온이 하강하면서 아마존 분지의 일부가 빙하로 뒤덮였었다는 과학적 증거들이 발견됨에 따라 이 대멸종은 빙하가 원인이었으리라고 추정되고 있습니다. 이때 지구에 살고 있던 생명체의 약 70퍼센트 이상이 사라졌는데, 멸종된 대부분이 어류였습니다. 이후 지구에서는 어류 대신 양서류가 급속하게 확산되고 진화하기 시작했습니다.

가장 심각했던 대멸종은 바로 2억 4,500만 년 전에 발생했습니다. '모든 멸종의 어머니'라고도 불리는 페름기 대멸종으로 당시 생명체의 95퍼센트 이상이 사라졌습니다. 지구에 살고 있던 대부분의 생명체들이 사라졌다고 해도 과언이 아닙니다. 최초로 눈을 가지고 급격한 지구환경 변화에 적응했던 삼엽충 역시 이 시기에 멸종했습니다. 당시 지구에서는 급격한 온난화가 발생했는데, 많은 과학자들은 이런 기후의 변화가 지구 역사상 가장 치명적인 대멸종의 원인이었을 것이라고 생각합니다. 그리

페름기 대멸종

고 살아남은 종들이 지구의 새로운 지배자가 되었습니다. 그중 가장 대표적인 종이 바로 공룡을 비롯한 파충류입니다.

네 번째 대멸종은 약 2억 년 전에 발생했습니다. 이 시기에 초대륙 판게아가 이동하면서 땅이 조금씩 나누어지기 시작했습니다. 그 결과로 대규모의 화산 활동이 발생했고, 이로 인한 기후변화 때문에 당시 바다 생명체의 약 80퍼센트 이상이 사라졌습니다. 다섯 번째 대멸종은 약 6,500만 년 전에 나타났습니다. 이때의 대멸종은 지구를 지배하고 있던 공룡이 사라지고 포유류가 급속하게 확산될 수 있었던 계기입니다. 많은 과학자들은 그 원인으로 소행성 충돌을 언급합니다. 오늘날 멕시코 유카탄반도에는 지름 10킬로미터 이상의 소행성이 충돌한 흔적이 남아 있습니다. 먼지와 파편이 대기를 뒤덮으면서 식물들이 제대로 자랄 수 없었고 이것이 초식공룡과 육식공룡의 멸종으로 이어진 것입니다.

『셜록 홈즈』 시리즈로 매우 유명한 영국 소설가 아서 코넌 도일이 1912년에 재미있는 소설을 하나 발표했습니다. 제목은 『잃어버린 세계』입니다. 외부 세계와 철저하게 단절된 채 남아메리카에 살고 있는 공룡을 찾아 4명의 남자들이 모험을 떠나는 SF 소설입니다. 당시 많은 사람들의 관심을 받으면서 영화로도 제

아서 코넌 도일의 『잃어버린 세계』

작되었고, 이후 〈쥬라기 공원〉과 같은 영화가 제작되는 데 모태가 되기도 했습니다. 이 소설에서 코넌 도일은 공룡과 인간이 함께 살아가는 모습을 묘사합니다. 어쩌면 그는 다섯 번째 대멸종이 발생하기 전, 지구에서 여러 종들이 함께 공존했던 모습을 상상했는지도 모릅니다. 하지만 약 700만 년 전에 공통 조상으로부터 최초의 원시 인류가 분화되었다는 과학적 증거 앞에서 이와 같은 묘사는 그야말로 상상일 뿐입니다. 공룡이 멸종하고 오랜 시간 동안 수많은 종류의 포유류들이 진화하면서 인간이 등장한 것이기 때문입니다.

사라져간 생명체의 종류나 수를 살펴본다면 대멸종은 지구의 파멸을 초래했던 것처럼 보일지도 모릅니다. 하지만 지구와 생명체의 역사 속에서 살펴본다면 대멸종이 부정적인 영향만 미친 것은 아닙니다. 소행성 충돌, 화산 폭발, 기후변화, 해수면의 변화 등과 같은 급격한 환경 변화 속에서 어떤 종은 멸종했지만 또 나른 종은 생존하고 적응했기 때문입니다. 이와 같은 관점에서 대멸종은 환경 변화에 따른 종의 진화에 매우 중요한 골디락스 조건이라고도 할 수 있습니다. 예를 들어, 가장 최근에 발생했던 다섯 번째 대멸종으로 공룡이 사라진 것에 대해 생각해봅시다. 이는 단순히 하나의 종이 지구에서 사라지는 것만을 의미하지 않습니다. 공룡이 차지하던 공간을 포유류라는 다른 종이 차지할 기회를 제공했기 때문입니다. 앞서 말했듯이, 공룡의 멸종 이후 포유류의 수와 다양성은 폭발적으로 증가했습니다. 이러한 과정 속에서 인간이 등장했고, 오늘날 우리가 존재할 수 있는 것입니다.

환경 변화에 잘 적응한 종은 살아남았고, 그렇지 못한 종은 멸종했습니다. 진화와 대멸종은 지구의 모든 생명체들이 주변 환경과 상호작용한다는 사실을 분명하게 보여줍니다. 멸종은 더 이상 특정 종이 존재하지 않는 것을 의미할 뿐만 아니라, 새롭고 다양한 종들이 발생하고 공존할 수 있는 공간을 마련해준다는 의미도 내포하고 있기 때문입니다. 결국 멸종을 통해 지구의 다양한 생명체들은 공생하고 공진화할 수 있었습니다.

최근 과학자들 사이에 여섯 번째 대멸종의 위기를 지적하면서 인류의 멸종을 우려하는 목소리가 높아지고 있습니다. 오늘날 인류가 지구의 어느 종보다도 가장 막대한 영향력을 미치는 종인 만큼, 이에 대한 인식과 대처도 인류의 몫입니다. 지구의 역사 속에서 되풀이되었던 대멸종처럼 인류와 다른 종들이 멸종하지 않기 위해서는 무엇보다도 주변의 다른 종들과 공생하고 공진화하는 것이 절실합니다.

7.
인류의 등장과
진화

　미국 소설가 어니스트 헤밍웨이는 유난히 쿠바를 사랑했습니다. 그는 20년 동안 쿠바에서 지내면서『노인과 바다』,『누구를 위하여 좋은 울리나』,『무기여 잘 있거라』등의 유명한 소설들을 집필했는데, 이때 그와 함께한 것이 바로 크리스털 마운틴 커피였습니다. 쿠바를 대표하는 크리스털 마운틴 커피는 단맛과 신맛 그리고 쓴맛이 적절하게 조화를 이루고 있습니다.

　원래 커피는 아프리카 동쪽에 위치한 에티오피아가 원산지이지만 이슬람 제국으로 건너가 오랫동안 이슬람교를 상징하는 음료가 되었습니다. 이후 이슬람 제국의 세력이 확대됨에 따라

16세기에는 동남아시아의 여러 지역에서 재배되기 시작했으며, 18세기 초가 되면 카리브 해를 비롯한 중앙아메리카 및 남아메리카에서도 재배되었습니다.

중앙아메리카 북서쪽에 위치한 과테말라는 전 세계 커피의 상당한 양을 재배하는 곳입니다. 이곳에서 재배되는 커피는 그 향으로 잘 알려져 있습니다. 타는 듯한 향을 가지고 있어 '스모크 커피'라 불리기도 하는데, 이는 화산활동으로 인한 화산성 토양에서 커피를 재배하기 때문입니다. 오늘날 신맛과 단맛이 적절하게 조화를 이룬 이 커피로 유명한 이 지역에는 16세기에 유럽인들에 의해 몰락하기 전까지 막대한 부와 권력을 지녔던 왕국이 존재했습니다. 바로 '키체 마야'입니다. 마야 제국은 10세기까지 번성했던 구제국과 14세기에 몰락한 신제국으로 구분할 수 있는데, 키체 마야는 구제국이 몰락한 이후 그 지역에 세워진 왕국입니다.

키체 마야에는 자신들의 역사, 신화, 전설을 모아 편찬한 책이 존재합니다. 책의 제목은 '백성들의 책'이라는 뜻의 『포폴 부Popol Vuh』인데, 오늘날 원문은 남아 있지 않습니다. 1549년 스페인에서 파견한 신부 디에고 데 란다는 종교적 편견 때문에 마야의 토착 신앙과 종교를 매우 적대시했습니다. 가톨릭의 우월성과 보편성을 굳게 믿고 있었던 그는 종교와 회화에 관련된 서적 세 권을 제외한 모든 책들을 불에 태워버렸는데, 역사학자들은 이를 '란다의 분서'라고 부릅니다. 기원전 221년 중국 진나라의 승상 이사가 실용서적을 제외한 모든 서적들을 불태운 것을 두고 분서갱유라고 하듯, 같은 관점에서 란다의 정책을 '아메리카판 분서갱유'라고 할 수도 있겠습니다. 그리고 이때 결국 마야어로 쓰인 『포폴 부』원문도 함께 소실되었습니다. 원문은 없지만 이를 스페인어로 기록한 것이 남아 있어 이를 통해 자연현상, 종교, 문명 등에 대한 당시 마야인들의 생각을 살펴볼 수 있습니다.

『포폴 부』의 내용 중에는 인간 창조와 관련된 재미있는 신화가 있습니다. 아주 오래전, 신들은 동물을 창조해서 이들에게 신을 섬기도록 했습니다. 그런데 동물들이 신을 제대로 섬기지 못했기 때문에 신들은 인간을 만들고자 했습니다. 신들이 진흙으로 최초의 인간을 만들었으나 지적 능력이 부족해서 신을 제대로 섬기지 못했다고 합니다. 그뿐만 아니라 비가 오면 금방 녹아버리는 등, 여러모로 진흙으로 만든 인간이 실패하자 신들은 나무로 인간을 만들어보았습니다. 그런데 나무로 만든 인간은 심장이 없었기 때문에 이들 역시 신을 섬기지 않았습니다. 마지막으로 신들이 인간을 만들기 위해 사용한 재료는 바로 옥수수였

옥수수로 만든 인간

습니다. 따라서『포폴 부』에 따르면 이 옥수수로 만든 인간들이 우리의 조상인 셈입니다. 비단 키체 마야뿐만이 아닙니다. 중앙 아메리카 및 남아메리카의 여러 지역들에서는 오랫동안 옥수수가 신이 죽어서 부활한 작물이라고 믿었습니다.

오늘날 우리는 수많은 과학적 증거들에 따라 우리가 호모 사피엔스의 후손임을 알고 있습니다. 하지만 호모 사피엔스가 지구에 나타났던 시기에, 그리고 그 이전에도 지구에는 인간과 비슷한 여러 종이 살고 있었습니다. 그중 지구의 환경 변화에 가장 잘 적응한 호모 사피엔스 종이 살아남은 것입니다. 그렇다면 어떻게 호모 사피엔스가 살아남을 수 있었던 것일까요?

'워싱턴 컬럼비아 특별구'는 미국의 수도입니다. 메릴랜드 주와 버지니아 주 사이에 위치해 있습니다. 이 도시를 따라 흐르는 포토맥 강에서 의사당까지의 구역을 '내셔널 몰National Mall'이라고 부르는데, 여기에는 박물관과 미술관들이 위치해 있습니다. 이 중 대표적인 것이 스미스소니언 박물관입니다. 스미스소니언 박물관은 1846년에 영국의 과학자 제임스 스미스슨의 기부금으로 지어졌는데, 총 19개의 박물관, 미술관, 도서관 등이 한데 있는 세계 최대 규모의 박물관입니다. 이 중 자연사 박물관은 매년 3,000만 명 이상의 사람들이 찾는 곳으로, 지구에 살았던 다양한 종들의 화석과 박제가 전시되어 있습니다.

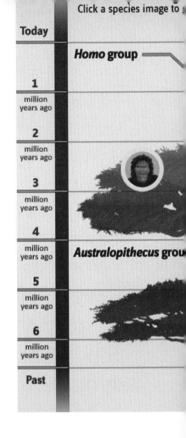

무엇보다도 스미스소니언의 자연사 박물관은 다윈의 주장을 토대로 인간의 등장과 진화를 기존과는 다르게 전시한다는 점에서 주목받고 있습니다. 다윈은 세상의 모든 생명체들이 한 그루의 나무에서 가지를 뻗어나가는 것처럼 진화했다고 생각했는데, 자연사 박물관의 인간 등장과 진화에 관한 전시를 보면 이러한 생각이 잘 드러나 있습니다. 이 전시에서는 인간과 관련된 종을 크게 네 가지 집단으로 구분합니다. 첫 번째 집단은 약 700만 년 전에 공통 조상으로부터 인간과 침팬지가 분화된 이후 나타난 아르디피테쿠스*Ardipithecus* 집단입니다. 이 집단은 중앙아프리카 지

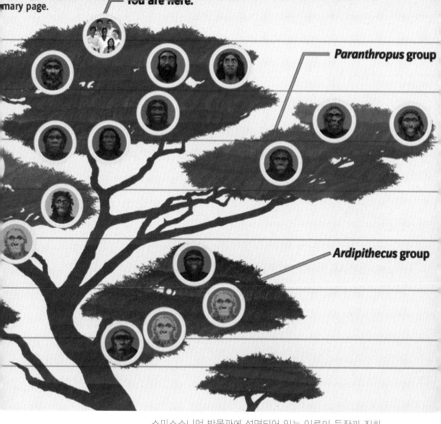

You are here.

Paranthropus group

Ardipithecus group

스미스소니언 박물관에 설명되어 있는 인류의 등장과 진화

역에서 출현했는데, 당시 아프리카는 따뜻하고 식량이 풍부해 그야말로 지상낙원이었습니다.

그리고 500만 년 전쯤 최초의 집단에서 새로운 집단이 분화되었습니다. 이 집단이 바로 오스트랄로피테쿠스 집단으로, 1974년 에티오피아에서 발견된 일명 '루시'가 여기에 속합니다. 당시 기존의 과학자들은 두뇌 용량이 커지면서 인간이 두 발로 걷기 시작했다고 생각했었습니다. 하지만 루시의 발견이 이와 같은 생각을 완전히 바꿔놓았습니다. 루시가 두 발로 걸었던 것은 과학적으로 밝혀졌지만, 루시의 두뇌 용량은 여전히 침팬지와 별다른 차이가 없었기 때문입니다.

루시를 비롯한 일부 종들이 지상낙원 아프리카에서 살던 시기에 파란트로푸스*Paranthropus* 집단이 함께 공존했습니다. 이들은 500만 년 전에 아르디피테쿠스 집단으로부터 오스트랄로피테쿠스 집단이 분화할 때 함께 분화한 것으로 알려져 있습니다. 이후 오스트랄로피테쿠스 집단과는 다른 방식으로 환경에 적응하며 다른 집단으로 나뉘었습니다.

마지막으로 약 250만 년 전 마지막 집단이 나타났습니다. 바로 호모 집단입니다. 여기에는 다양한 종들이 포함되어 있었습니다. 이들은 돌로 간단한 도구를 만들어 사용하기 시작했고, 불을 사용했습니다. 결과적으로 이들의 두뇌 용량은 더욱 증가했습니다. 이뿐만 아니라 아프리카로부터 벗어나 유럽과 아시아 등 다른 지역으로 이동하면서 새로운 환경에 적응하기 시작했습니다. 그리고 이 집단에서 25만 년 전에 우리의 조상인 호모 사피엔스가 나타난 것입니다.

호모 사피엔스를 비롯해 지구에 등장했던 원시 인류들은 모두 한 가지 공통점을 가지고 있습니다. 다른 생명체들과 마찬가지로 생존을 위해 주변 환경에 적응하고 진화했다는 것입니다. 물론 시간이 흐르면서 종들 사이에는 차이점이 나타났습니다. 어떤 종은 주로 나무 위에 살면서 식량을 얻을 때만 나무 아래로 내려왔습니다. 다른 어떤 종은 더 이상 나무 위에 살지 않았고, 더 많은 식량을 얻기 위해 눈과 손이 발달하기 시작했습니다. 또 어떤 종은 도구를 만들고 불을 이용하고 언어를 사용하기도 했습니다. 이러한 과정 속에서 주변 환경에 가장 잘 적응한 종만이 살아남은 것입니다.

하지만 우리는 한 가지 사실을 분명하게 알아야 합니다. 우리 조상인 호모 사피엔스가 마지막으로 살아남을 수 있었던 이유가 자신들의 능력 때문만은 아니라는 것입니다. 700만 년 전 공통 조상으로부터 침팬지와 인간이 분화된 이후 원시 인류는 생존에 필요한 정보들을 습득하고 축적했습니다. 이는 무엇보다도 주변 환경, 즉 지구의 환경 변화나 생존에 필요한 에너지원이 되는 다른 종들과의 상호작용 속에서 가능했던 것이었습니다.

오늘날 우리가 존재할 수 있는 이유는 결코 호모 사피엔스의 우월함 때문이 아닙니다. 수백만 년 동안 함께 공존했던 다른 종들과 환경과의 상호작용 속에서 생존하고자 한 덕분입니다. 빅히스토리에서 인류의 등장과 진화를 하나의 층위에서 나타났던 '교체'가 아니라 다양한 층위에서의 '공존'을 통해 살펴보고자 하는 이유가 바로 여기에 있습니다.

8.
도시와 국가의
탄생

1924년, 미국 전역에 놀라운 소식이 전해졌습니다. 주인 가족과 함께 인디애나 주로 휴가를 갔다가 실종된 개가 다음 해 가족들과 살던 오리건 주 실버톤으로 되돌아왔기 때문입니다. 이 개의 이름은 '보비'였습니다. 보비가 실종된 인디애나 주에서 다시 되돌아온 오리건 주까지는 무려 4,500킬로미터 정도 떨어져 있습니다. 6개월에 걸쳐 자신을 사랑해준 가족들을 찾아 집으로 돌아온 이 개를 많은 사람들은 '놀라운 개, 보비Bobbie, the Wonder Dog'라고 불렀습니다. 동물애호협회에서는 사람처럼 지도나 나침반 등 도구를 전혀 사용하지 않고도 가족을 찾아 이동하는 보

FAITHFUL COLLIE DOG, OWNED BY SILVERTON MAN, WHO TRAVELED 2364 MILES ACROSS THE CONTINENT TO RETURN TO HIS MASTER AND ARRIVED WEARY BUT HAPPY.

Above—Collie, owned by G. F. Brazier, Silverton restaurant man. Below—Map showing approximate route and distance traveled by the animal.

오리건 신문에 실린 보비

비의 모습을 목격한 사람들의 증언을 토대로 보비가 이동한 경로를 추적했습니다. 사람과 개의 상호 관계가 얼마나 친밀한지 잘 보여주는 사례입니다.

충성스럽고 강직한 개에 대한 이야기는 우리나라에도 전해 내려옵니다. 부산광역시에는 '개좌산 전설비'가 있습니다. 17세기 초 서홍인이라는 사람이 관아에 들어가 숙직하는 업무를 담당하게 되었습니다. 효심이 깊었던 서홍인은 날이 밝기 전에 노부모의 식사를 준비해놓고 근무를 하러 가고, 근무를 마친 다음 집에 돌아오곤 했습니다. 이때 그가 걸은 거리는 하루에 약 20킬로미터 이상이었습니다. 오늘날 광화문에서 강남구 일원동까지의 거리 정도입니다. 혼자 걸어 다니기가 심심했던 그는 집에서 기르던 개를 데리고 다녔다고 합니다. 그러던 어느 날 너무 피곤한 나머지 서홍인이 중간에서 깜빡 잠이 들었는데, 들고 온 횃불에서 불이 번져 화재가 발생했습니다. 이를 본 개가 마구 짖었지만 완전히 곯아떨어진 주인에게는 들리지 않았습니다. 개는 계곡의 물에 자신의 몸을 적셔 주인이 잠든 주변을 뒹굴며 주인을 지켰지만 끝내 자신은 목숨을 잃고 말았습니다. 그리고 뒤늦게 잠에서 깬 서홍인은 개의 시체를 묻어주고 통곡했다고 합니다. 이 이야기를 들은 주변 사람들이 이 고개를 '개좌고개'라고 불렀는데, '개가 목숨을 살려준 고개'라는 뜻입니다.

　일상생활에서 인간과 친밀한 관계를 형성하고 있는 개는 언제부터 인간과 함께 생활하기 시작했을까요? 과학적 증거들에 따르면, 개는 지금으로부터 약 3만 5,000년 전에 북아메리카에서 주로 살고 있었던 회색 늑대로부터 분화되어 진화한 것입니다. 페키니즈를 비롯한 다양한 개의 조상이 회색 늑대인 셈입니다. 유전자 변이로 인해 인간을 덜 무서워했던 일부 회색 늑대들이 인간 주변을 맴돌면서 인간이 남긴 음식물을 먹기 시작했고, 점차 인간에게 온순해졌습니다. 최근 연구 결과에서 늑대와 개의 유전자를 비교한 결과, 탄수화물 소화에 관련된 아밀라아제 유전자의 수가 서로 달랐습니다. 당시 인류는 사냥을 통해 동물성 단백질을 섭취했을 뿐 아니라 주변의 과일이나 곡물 등의 탄수화물도 에너지원으로 활용하고 있었습니다. 결국 인간이 남긴 음식물을 먹기 위해 일부 늑대들에게 아밀라아제 유전자가 나타나게 되었고 생존에 유리한 이와 같은 유전적 변화는 이후 세대들에게도 계속 이어졌습니다. 이러한 과정 속에서 회색 늑대는 개로 진화했고, 결국 인간이 길들인 최초의 동물들 가운데 하나가 되었습니다.

✟

    수백만 년 전에 아프리카에 출현했던 원시 인류는 주변 환경으로부터 생존에 필요한 식량을 얻었습니다. 주로 사냥을 통해서였습니다. 그리고 수십만 년 전에 새로운 인간 종들이 출현하면서 어떤 종은 강에서 물고기를 잡고, 어떤 종은 나무 열매나 곡물 낟알을 먹기 시작했습니다. 최초의 원시 인류보다 에너지 공급원이 조금 다양해진 것입니다. 주거하던 곳에 더 이상 먹을 것이 없으면 식량을 찾아 새로운 지역으로 이동하기도 했습니다. 역사학자들은 이와 같은 생활 방식을 수렵채집이라고 부릅니다. 그러다가 약 1만 년 전, 인간의 생활 방식에 큰 변화가 나타났습니다. 더 많은 식량을 더 안정적으로 얻기 위해 야생에 살고 있던 특정 동물이나 식물을 길들이기 시작한 것입니다. 이와 같은 생활 방식을 농경이라고 부릅니다.

    1만 년 전에 인간은 밀이나 옥수수 낟알의 일부를 남겨두었다가 땅에 심어 더 많은 작물을 얻기 시작했습니다. 오늘날에도 밀과 옥수수는 쌀과 더불어 전 세계 사람들의 주식이 되고 있습니다. 많은 사람들이 이렇게 '작물을 재배하는 것'을 농경이라고 생각합니다. 하지만 좀 더 넓은 관점에서 생각해보면 농경은 인간이 더 많은 식량을 얻기 위해 동물이나 식물을 길들이는 과정, 그리고 그와 같은 과정 속에서 나타났던 기술의 변화까지 의미한다고도 볼 수 있습니다. 그리고 이렇게 살펴본다면 회색 늑대로부터 분화된 개가 인간에게 길들여지고 친밀한 관계를 유지하게 된 것도 농경의 일부분이라 할 수 있습니다. 인간은 농경을 통해 개뿐만 아니라 양, 돼지, 닭 등의 동물들을 길들임으로써 고기, 우유, 알과 같은 새로운 에너지원을 얻게 되었습니다.

그렇다면 이와 같은 새로운 방식이 왜 약 1만 년 전에 나타난 걸까요? 이 시기에 농경이 나타나게 된 골디락스 조건으로는 다음과 같이 두 가지를 들 수 있습니다. 첫째, 이때 지구가 갑자기 따뜻해졌기 때문입니다. 45억 년 전에 지구가 탄생한 이후 지구의 온도는 끊임없이 변화했습니다. 지구 역사 속에서 네 번의 빙하기가 있었고, 마지막 빙하기가 지금으로부터 약 11만 년 전인 플라이스토세에 시작해서 약 1만 1,000년 전에 끝났습니다. 그리고 갑자기 따뜻해지면서 환경이 급격하게 변화하게 되었습니다. 추운 기후에 잘 적응했던 대형 동물들은 생존하기가 힘들었습니다. 대신 몸집이 작고 행동이 빠른 동물들의 수가 많아졌고, 따뜻한 기후에서 잘 자라는 새로운 식물들이 나타났습니다. 주변 환경으로부터 생존에 필요한 에너지를 얻던 인간도 식량을 바꿔갈 수밖에 없었습니다. 해수면이 상승하면서 해안 주변에 살고 있던 사람들이 점차 내륙으로 이동하게 되기도 했는데, 이 과정 속에서 인간이 얻을 수 있는 식량은 점차 다양해졌습니다.

둘째, 급속한 인구 증가입니다. 수렵채집 시대에는 식량이 풍족하지 않았기 때문에 인구가 급속하게 증가할 수 없었습니다. 따라서 당시 공동체 규모는 대략 50명 내외로 상당히 작았습니다. 식량을 얻기 위해 여러 지역을 돌아다녀야 했기 때문입니다. 하지만 지구온난화와 더불어 식량의 종류가 변화하고 다양해지면서 부양할 수 있는 인구가 조금씩 증가했습니다. 증가한 인구를 부양하기 위해서는 다시 더 많은 식량이 필요해졌고 결국 주변 환경으로부터 더 많은 식량을 얻기 위해 인간은 이전과는 다른 방식을 선택해야만 했던 것입니다. 물론 농경을 시작하자마자 갑자기 식량 생산량이 늘어난 것은 아닙니다. 동물과 식물을 재배한다는 것은 수렵채집보다 훨씬 오랜 시간이 걸리는 일이었습니다. 특히 곡물을 재배하기 시작하면서는 인간이 더 이상 이동 생활을 할 수 없었습니다. 땅에 심은 곡물 씨앗에서 싹이 트고 자라는 과정을 지켜봐야 했기 때문입니다. 농경이 시작되면서 자연스럽게 인간의 노동시간이 급속하게 증가했고 더 많은 노동력이 필요했습니다. 결과적으로 출산율이 증가하게 되었고 이는 급속한 인구 증가의 또 다른 원인이 되었습니다.

농경이 시작되면서 인간 사회에는 이전에 없었던 매우 큰 변화가 나타났습니다. 바로 도시의 탄생입니다. 인구가 증가함에 따라 수렵채집 시대보다 공동체의 규모는 더욱 커졌고, 기원전 7000년에 드디어 최초의 도시가 탄생했습니다. 오늘날 이라크, 팔레스타인, 이집트 일대는 과거 '비옥한 초승달 지대'로 불렸는데, 바로 이 지역에서 최초의 도시 수메르가 등장했습니다. 이 지역은 농경이 처음 시작되었던 지역 가운데 하나였습니다. 도시의 탄생이 농경의 시작과 밀접한 관련성을 가지고 있음을 볼 수 있는 부분입니다.

그리고 농경이 시작된 이후 생산량이 증가함에 따라 잉여 생산물이 발생했고, 이를 효과적으로 관리하기 위해 지배 계층이 등장했습니다. 이들은 회계나 문자를 통해 잉여 생산물을 관리하고 분배했습니다. 사람들 사이의 다툼이나 분쟁을 해결하기 위한 규칙과 법도 만들어졌습니다. 또, 농경에 종사하는 사람들로부터 세금을 징수하기 시작했습니다. 이와 같은 세금을 토대로 성직자, 군인, 관리 등은 지배 계층으로 부상했고, 농경 사회는 점차 불평등한 사회가 되었습니다.

도시의 출현은 곧 국가의 탄생으로 이어졌습니다. 국가를 지배하던 왕들은 자신의 부나 권력을 과시하기 위해 대규모 건축물을 짓기 시작했습니다. 고대 이집트를 정치·종교적으로 지배했던 최고 권력자를 '파라오'라고 부릅니다. 파라오에게 가장 중요한 일은 바로 자신의 무덤인 피라미드를 만드는 것이었습니다. 기원전 2500년쯤 이집트는 쿠푸라는 파라오가 지배하고 있었습니다. 현재 이집트 수도인 카이로 근교의 기자에는 이 쿠푸왕의 피라미드가 있습니다. 현존하는 피라미드 가운데 가장 규모가 큰 것으로, 2톤 이상의 거석이 230만 개 정도 사용되어 건설된 높이 약 138미터의 건축물입니다. 메소포타미아에서는 하늘의 신과 지상을 연결하기 위해 거대한 신전이 건설되기도 했습니다. 『구약성경』에서 오만한 인간들이 신에게 도전하기 위해 쌓았던 바벨탑이 바로 이 신전, 지구라트입니다. 이집트의 피라미드와 그 규모가 비슷합니다. 수십 년 동안 셀 수 없을 정도로 많은 사람들이 강제로 이와 같은 건설 현장에서 일했던 역사적 사례를 통해, 당시 지배 계층의 권력이 얼마나 강력했는지 짐작할 수 있습니다.

역사학자들은 농경의 시작을 '신석기 혁명'이라고 부릅니다. 여기서 혁명은 이전의 관습, 제도, 방식 등을 대신해 새로운 것을 급격하게 수립하는 현상을 의미합니다. 수십만 년 동안 인류가

쿠푸 왕의 피라미드

공유했던 수렵채집의 생활 방식에서 벗어나 농경이라는 새로운 생활 방식이 등장했으니 혁명이라 불릴 만합니다. 빅히스토리에서 농경은 두 가지 층위의 상호작용을 잘 보여줍니다. 한 가지는 지구환경 변화에 인간이 적응하는 과정 속에서 발생했던 주변과의 상호작용입니다. 동물과 식물을 길들인 것, 그리고 이를 통해 자연에 대한 인간의 영향력을 점점 늘려간 것 등이 바로 그러한 상호작용입니다. 다른 한 가지는 도시나 국가와 같은 인간 사회 내부의 상호작용입니다. 도시와 국가에서는 지배 계층에 대한 복종뿐만 아니라 다양한 사람들 간의 공존과 협업 역시 나타났습니다. 이러한 점에서 농경은 우주와 생명, 그리고 인간의 상호작용을 보여주는 인류 역사의 매우 중요한 현상이라고 할 수 있습니다.

9.
제국과 네트워크의 발전

751년에 세계사적으로 중요한 전쟁이 발발했습니다. 바로 탈라스 전투입니다. 당시 이슬람은 막 건국된 압바스 제국이 지배하고 있었습니다. 압바스 제국은 바그다드를 중심으로 이슬람교뿐만 아니라 과학과 예술도 적극적으로 지지하는 등 새로운 문화 융성에 많은 관심을 가지고 있었습니다. 많은 역사학자들이 바그다드를 '이슬람의 로마'라고 불렀는데, 플라톤, 아리스토텔레스, 소크라테스 등 고전 시대 철학자들의 사상이 바그다드를 중심으로 아라비아반도에서 번성했기 때문이었습니다.

이러한 문화적 융성은 종이 덕분이었습니다. 후한 시대 채륜

이 만든 것으로 알려져 있는 종이는 바로 751년 탈라스 전투를 계기로 이슬람으로 전파된 것이었습니다. 탈라스 전투에서 중국이 패배함에 따라 많은 사람들이 이슬람군의 포로로 잡혀갔는데, 여기에 제지 기술자들도 포함되어 있었습니다. 이들은 오늘날 중앙아시아 우즈베키스탄의 사마르칸트로 끌려가, 맑고 깨끗한 물이 풍부한 이 지역에서 종이를 만들기 시작했다고 합니다. 오늘날까지도 유명한 사마르칸트의 종이는 당시 아라비아반도뿐만 아니라 지중해 건너 유럽으로까지 확산되었습니다. '고전 문화의 부흥'을 강조하면서 14세기 초 유럽에서 시작된 르네상스도 이슬람 학자들이 필사했던 고전시대의 학문과 사상들이 종이와 더불어 유럽에 유입되면서 발생한 것이었습니다. 그렇다면 사마르칸트의 종이는 어떻게 이슬람과 유럽으로 전파되었을까요? 이 시기에 동양과 서양은 어떻게 연결될 수 있었을까요?

15세기 말 유럽인들이 항해를 시작하기 전까지 종이와 다양한 물품들이 교환될 수 있었던 것은 바로 실크로드 덕분이었습니다. 흔히 실크로드는 기원전 2세기 초 한 무제가 개척한 것으로 알려져 있습니다. 한 무제가 흉노족의 위협으로부터 제국을 보호하기 위해 장건을 오늘날의 타지키스탄 지역에 사신으로 보내 군사적 동맹을 맺고자 한 것을 실크로드의 기원으로 보는

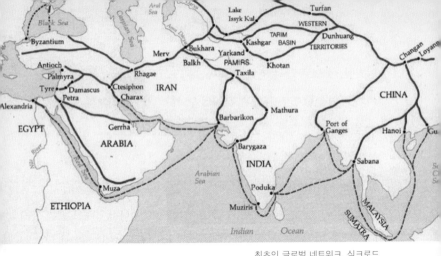

것입니다. 하지만 장건이 서역으로 이동하기 전부터 중국과 중앙아시아를 연결하는 네트워크는 부분적으로 존재했습니다. 오랫동안 산재되어 있던 여러 네트워크들을 강력한 제국의 통치 아래 두면서, 동양과 서양을 연결하는 네트워크로서 실크로드가 발전하기 시작한 것입니다.

그런데 실크로드는 장건이 중국과 서역을 오갔던 길만을 의미하는 것이 아닙니다. 이미 기원전 6세기경 기마술을 발전시켰던 스키타이인들은 몽골 고원에서부터 카스피 해까지 발달한 교역로를 따라 상품과 문화를 교환했습니다. 1세기 중반 인도양의 계절풍을 따라 지중해, 홍해, 인도양을 연결하는 네트워크가 발달되기도 했습니다. 역사학자들은 한 무제에 의해 완성된 오아시스길과 초원길 그리고 바닷길을 모두 합쳐 실크로드라고 부릅니다. 동쪽으로는 중국 시안에서부터 서쪽으로는 이탈리아반도의 로마까지 연결함으로써 아프로-유라시아를 연결했던 이 글로벌 네트워크를 따라 비단을 비롯해 유리 공예품, 포도, 옥, 도자기, 면직물 등이 교환되었습니다. 최근 경상북도 경주에서 유리 제품들이 출토되었는데, 이를 토대로 당시 실크로드가 중국뿐만 아니라 신라와 일본까지 연결했음을 주장하는 학설이 제기되고 있기도 합니다.

결국 아프로-유라시아 전체에 걸쳐 수많은 상품들이 교환되고 불교와 힌두교를 비롯해 여러 종교들이 지리적 경계를 넘어 널리 확산될 수 있었던 것은 당시 동양과 서양에 존재했던 강력한 제국들 때문이었습니다. 예를 들어, 로마 제국에서는 식민지로부터 식량과 특산품을 효율적으로 공급받고 군대를 파견하기 위해 제국의 여러 도시들을 연결하는 도로를 건설했습니다. 특히 급속한 영토 팽창 이후 정치·문화·종교적으로 안정기였던 평화 시대Pax가 찾아오면서 실크로드는 더욱 번성하며 확대되었습니다. 이러한 점에서 살펴보면, 실크로드처럼 여러 지역들을 연결하는 다양한 네트워크의 발전과 연결은 안정되고 평화로우며 강력했던 제국 속에서 나타났음을 확인할 수 있습니다. 그리고 이와 같은 현상은 평화로웠던 한 제국이나 로마 제국의 시기에만 국한되었던 것이 아니었습니다.

13세기 초 인류 역사상 가장 광범위한 영토를 지배했던 제국이 등장했습니다. 이 제국을 수립한 이는 어린 시절 아버지가 독살당했고, 이후 의탁했던 부족으로부터도 버림받았습니다. 그 이후 노예가 되었다가 가까스로 탈출했고, 결혼한 후에는 아내가 납치되기도 했습니다. 그는 납치된 아내를 되찾기 위해 다른 부족과 의형제를 맺은 다음 전쟁을 통해 자신의 세력을 확대시켰습니다. 그의 이름은 바로 테무친입니다. 마침내 1206년 '예케 몽골 울루스'라는 새로운 나라를 건국했고, 테무친은 이제 칭기즈칸으로 불렸습니다. 이후 지속적인 전쟁을 통해 당시 러시아 남쪽 지역의 영토를 차지했고 사마르칸트를 중심으로 동서 교역을 점령하고 있던 호라즘 왕국을 정복했습니다. 그의 사후에는 당시 중국을 지배하던 여진족의 금과 인도 북부 지역, 그리고 동유럽의 일부 지역까지 영토가 확대되었습니다. 역사상 가장 넓었던 이 나라, 바로 몽골 제국입니다.

로마 제국과 마찬가지로 칭기즈칸 역시 제국의 여러 도시와 지역들을 연결하기 위해 도로를 건설했습니다. 그의 손자였던 쿠빌라이는 몽골 제국의 5대 칸으로 즉위하면서 오늘날의 베이징으로 제국의 수도를 이전했는데, 이때 유라시아에 걸친 광범위한 제국이 형성됨에 따라 북경을 비롯한 여러 도시들에는 다양한 인종과 민족들이 모여들었습니다.

지금으로부터 약 700년 전의 일이었습니다. 한 이탈리아 상인 무리가 몽골 제국에 도착했습니다. 그리고 이들 가운데 한 사람이 17년 동안 몽골 제국에 머물면서 여러 지역들을 여행한 이후, 고향인 베네치아로 돌아와 자신이 경험한 것을 책으로 집필했습니다. 이것이 그 유명한 마르코 폴로의 『동방견문록』입니다. 이 책을 읽은 수많은 유럽인들은 이제 중국, 인도, 일본으로 가서 『동방견문록』에서 소개한 귀중한 상품들을 가져오고자 했습니다.

13세기에 몽골 제국 덕분에 마르코 폴로의 여행이 가능했다면, 15세기까지 전 세계를 연결하는 네트워크의 중심에는 한 이슬람 제국이 존재했습니다. 바로 오스만 제국입니다. 오스만 제국은 오늘날 터키 지역인 아나톨리아를 중심으로 활발한 영토 정복 전쟁을 통해 1453년 동로마 제국의 콘스탄티노플을 함락시켰습니다. 그리고 15세기까지 발칸반도를 비롯해 소아시아와 흑해 그리고 에게 해까지 지배하며 무역을 장악했습니다. 당시 유럽에서 가장 인기가 있었던 상품은 후추, 계피, 생강 등으로 대표되는 향신료들이었습니다. 유럽에서는 일부 도시들만이 이슬람 제국과의 교역을 통해 인도와 동남아시아에서 생산되는 향신료를 수입했는데, 중간무역을 거치느라 매우 비쌌기 때문에 많은 유럽인들이 직접 아시아로 가는 길을 발견하고자 했습니다. 실크로드에서 가장 중요한 상품이 비단이었다면, 15세기의 글로벌 네트워크에서 가장 중요했던 상품은 향신료였던 것입니다. 그리고 이를 위해 유럽인들은 중국, 이슬람, 인도 등으로부터 선박 제조 방법, 나침반 사용법, 항해법 등을 적극적으로 수용하기 시작했습니다.

이와 같은 현상은 15세기 말에 절정에 달했습니다. 스페인 탐험가였던 크리스토퍼 콜럼버스 역시 이러한 현상 속에서 인도로 향했지만, 그가 도착한 곳은 인도가 아닌 오늘날의 아메리카 대륙 카리브 해였습니다. 콜럼버스를 비롯한 유럽인들이 도착하기 전 아메리카에는 공예, 천문학, 직물 제조 등이 매우 높은 수준으로 발달했던 제국들이 존재하고 있었습니다. 하지만 유럽인들과 함께 넘어온 아프로-유라시아의 치명적인 전염병으로 인해 모두 몰락하고 말았습니다. 이후 아메리카와 아프로-유

유럽인의 항해 원동력, 향신료

라시아 사이에는 수많은 동물과 식물, 인간, 그리고 전염병의 교환이 발생했습니다. 이른바 '콜럼버스의 교환Columbian exchange'이라고 합니다.

동시에 지금까지 유라시아의 여러 지역들을 연결하던 네트워크는 더욱 확대되었습니다. 아메리카 네트워크와 유라시아 네트워크가 결합하면서 아메리카 식민지에서는 은 채굴이 활발해졌고 사탕수수, 면화, 담배 등과 같은 수익성이 좋은 작물들만을 재배하는 플랜테이션 농장이 증가했습니다. 식민지로부터 얻는 이익이 증가함에 따라 더 많은 노동력이 필요해져 결국 아프리카 원주민들은 강제로 아메리카로 이주되어 노예가 되는 비극을 겪었습니다. 이와 같이 아메리카와 유럽과 아프리카 사이에 형성되었던 대서양 삼각무역은 18세기 초까지 이어지면서 과거와는 전혀 다른 방식으로 세계를 연결했습니다. 그리고 서유럽의 일부 국가들이 이 글로벌 네트워크의 주역으로 부상했습니다.

제국의 등장이나 발전과 더불어 전 세계는 급속하게 연결되기 시작했습니다. 글로벌 네트워크를 통해 정보와 지식이 축적되고 교환되었으며 사람들은 다른 지역들에 대해 더 많이 알게 되었습니다. 이러한 점에서 제국의 등장과 글로벌 네트워크의 형성 및 발전은 다양한 시간·공간적 층위에서 발생했던 상호작용의 결과라고 할 수 있습니다. 앞서 얘기했듯이, 우주의 탄생 이후 별과 행성이 만들어지고 다양한 생명체들이 탄생하고 진화하는 빅히스토리 관점에서 인간은 끊임없이 주변 환경과 상호작용했습니다. 이러한 점에서 인간의 상호작용을 궁극적으로 보여주는 제국과 글로벌 네트워크의 발전은 또 다른 형태의 빅히스토리인 셈입니다.

10.
새로운 시대,
인류세

    1979년 8월 말, 이탈리아 남부 나폴리에서는 끔찍한 재난이 발생했습니다. 나폴리 만 연안에 위치한 베수비오 화산이 폭발한 것입니다. 엄청난 양의 화산재, 화산암 그리고 용암을 분출하면서 인근 도시들에 치명적인 피해를 입혔습니다. 역사상 베수비오 화산 폭발로 가장 치명적인 영향을 받은 도시는 고대 로마의 도시 폼페이였습니다. 이 도시는 당시 로마 상류 계층의 별장이 건설되던 휴양지로, 가장 번성했던 도시 가운데 하나였습니다. 번성했던 만큼 당시 인구의 약 10퍼센트에 해당하는 2,000명 이상이 화산 폭발로 사망했습니다. 18세기 중반 이탈리아를 지배하던 프랑스 부르봉 왕조에서 폼페이 발굴 작업을 진행했는데, 화산 폭발할 때 그대로 굳어버린 사람의 화석이 발견되기도 했습니다. 그야말로 죽음의 도시로 변해버렸던 것입니다. 폼페이를 인류 역사 속에서 사라지게 했던 베수비오 화산은 이후로도 여러 번 폭발해왔습니다. 17세기 초에도 베수비오 화산 폭발로 인해 약 2만 명에 가까운 사람들이 희생되었습니다.

화산 폭발은 그 순간의 인명 피해뿐만 아니라 장기적인 영향도 미치는데, 대표적인 것이 바로 기후변화입니다. 15세기 중반부터 19세기 중반까지 지구에는 소빙기가 찾아왔습니다. 당시 지구의 평균기온이 2도 이상 하락하면서 유례없이 추워졌는데, 그 원인 가운데 한 가지가 바로 화산 폭발이었습니다. 화산이 폭발하면 대기 중 이산화황이 우산 모양의 막을 형성합니다. 이 막이 태양 빛을 차단시키면서 지구 표면에 도달하는 태양에너지가 현저하게 줄어들어 극심한 추위가 발생하는 것입니다. 18세기 초에 폭발했던 러시아 캄차카반도의 시벨루치 화산이나 19세기 초에 폭발한 인도네시아의 탐보라 화산은 이와 같은 기후변화를 더욱 가속시켰습니다.

소빙기 동안에는 좀처럼 얼지 않던 강과 바다까지 얼어붙었습니다. 이 현상은 전 지구적으로 발생해서, 영국 템스 강과 네덜란드 운하가 얼어붙었고 중국의 여러 강들도 꽁꽁 얼었습니다. 이때 우리나라 동해 역시 얼어붙었다고 합니다. 한 네덜란드 화가가 이 시기에 런던에 살면서 꽁꽁 얼어붙은 템스 강을 그렸는데, 그가 묘사해놓은 사람 키보다 훨씬 높고 두꺼운 얼음을 통해 당시 런던이 얼마나 추웠는지 짐작해볼 수 있습니다. 얼어붙은 것은 강뿐만이 아니었습니다. 겨울부터 내린 서리가 녹지 않아 봄까지 땅이 얼어 있는 바람에 농민들이 씨를 제대로 뿌리지 못했습니다. 밀이나 귀리 등 작물의 생장 기간이 짧아지면서 곡물 수확량은 급속하게 감소했고 결국 곡물 가격은 천정부지로 치솟았습니다. 풀뿌리나 나무뿌리로 연명하는 사람들이 많았으며 독일 작센 지방에서는 흙으로 만든 빵을 먹었다는 이야기도 전해옵니다.

곡물뿐 아니라 목재의 가격 역시 가파르게 상승했습니다. 당시 대부분의 국가들에서는 난방을 위해 목재를 주로 사용했기 때문에 소빙기가 길어질수록 그리고 추위가 극심해질수록 목재 소비량이 증가했습니다. 더욱이 나무는 자라는 데 시간이 상당히 오래 걸리다 보니 목재 공급량에 한계가 존재할 수밖에 없었습니다. 결국 사람들은 난방에 사용할 수 있는 새로운 연료를 찾아야만 했고, 이때 목재의 대체 용품으로 사용되기 시작한 것이

아브라함 혼디우스, 〈얼어붙은 템스 강〉

바로 석탄입니다.

　이미 중국에서는 기원전 2세기부터, 유럽에서도 9세기부터 석탄을 사용했지만 사용량이 그리 많지 않았습니다. 일부 역사학자들은 흑사병으로 인해 유럽에서는 석탄을 사용하지 않게 되었던 것이라고 얘기합니다. 인류 역사상 가장 치명적인 전염병이었던 흑사병으로 14세기 중반 유럽 인구는 약 3분의 1이 감소했습니다. 흑사병은 원래 중앙아시아의 건조기후대에서 발생한 풍토병이었는데, 몽골 제국이 팽창하면서 유라시아의 다른 지역으로 급속하게 확산되었습니다. 이 전염병은 쥐에 기생하는 벼룩이 페스트균을 전파시키면서 발생되며, 환자들의 피부가 검게 변했기 때문에 흑사병이라고 불렸습니다. 역사학자들의 말에 따르면 검은색을 띤 석탄이 유럽인들에게 이 치명적인 전염병을 상기시켰기 때문에 점차 석탄을 사용하지 않게 된 것이라고 합니다.

　소빙기 영국에서는 석탄의 수요가 늘면서 노천의 석탄뿐만 아니라 지하에 매장된 석탄도 채굴하기 시작했습니다. 이 과정에서 땅속의 물을 퍼내기 위해 증기기관이 개발되었습니다. 토머스 뉴커먼이 만들고 제임스 와트가 개량한 증기기관은 물을 끓여서 동력을 얻습니다. 이 발상은 이미 2,000년 전에 나온 것이었지만 18세기 중반이 되어서야 효과적으로 활용되었습니다.

이후 수증기의 열에너지를 동력으로 전환시키는 증기기관은 매우 급속하게 확산되어 기관차나 선박 등의 교통수단에 활용되었습니다. 이제 더 많은 상품들을 더 빨리 운반할 수 있게 된 것입니다. 사람들 역시 먼 거리를 빠른 속도로 이동할 수 있게 되었습니다. 영국에서는 증기기관을 새로운 동력으로 활용하는 공장들이 급속하게 증가했고, 여기에서 대량으로 상품을 제조하고 일의 효율성을 높이기 위해 기계를 사용하기 시작했습니다. 바로 산업혁명이었습니다. 그리고 산업혁명은 이후 서유럽의 일부 국가들과 대서양 건너 미국으로 퍼져 나갔습니다.

산업혁명 이후 인류 사회는 급속하게 변화했습니다. 특히 영국을 비롯한 서유럽의 일부 국가들이 글로벌 네트워크의 중심으로 부상했습니다. 1850년대까지 전 세계 GDP의 3분의 2 이상을 중국과 인도가, 즉 아시아가 차지하고 있었습니다. 이는 유럽인들이 오랜 무역 적자에도 불구하고 실크로드를 비롯한 네트워크를 통해 비단, 도자기, 향신료 등 아시아 상품을 적극적으로 수입했다는 사실을 통해 분명하게 알 수 있습니다. 15세기 말경 남아메리카로 이동했던 스페인 사람들이 오늘날의 볼리비아 지역에서 거대한 규모의 은광을 개발했습니다. 바로 포토시 은

광입니다. 여기에서 아메리카 원주민들의 노동력을 착취해 채굴된 은은 유럽으로 흘러 들어갔다가 중국과의 교역에 사용되었습니다. 당시 중국을 지배하던 명과 청에서는 은을 기본 화폐 단위로 사용하고 있었기 때문에 전 세계의 은이 중국으로 유입되었습니다.

하지만 산업혁명을 통해 세계의 부와 권력에 변화가 나타났습니다. 원료와 노동력 공급지, 그리고 생산된 상품을 판매할 시장을 모색하던 유럽인들은 증기 군함과 근대 무기들로 무장하고 주변 지역들을 식민화하기 시작했습니다. 특히 아편전쟁에서 영국이 승리한 이후 청 제국을 비롯해 아시아의 여러 국가들은 더 많은 자원과 이익을 얻으려는 유럽 국가들의 식민지로 전락했습니다. 이와 같은 식민지 쟁탈전은 결국 제1차 세계대전이라는 끔찍한 전쟁으로 이어졌습니다.

산업혁명이 여러 지역으로 확산되었고 이후 과학기술은 더욱 급속하게 발전했습니다. 교통과 통신이 발달하면서 멀리 떨어진 사람들도 쉽게 연락을 주고받을 수 있었고, 자동차와 비행기가 발명되면서 사람들의 이동은 더욱 가속화되었습니다. 1920년대 이후에는 다양한 전자 제품들이 등장해 사람들의 생활이 더욱 풍요로워졌습니다. 이 시대가 '번영의 시대'입니다. 상품이

번영의 시대

대량생산되고 많은 사람들이 상품을 소비했습니다. 의학의 발전으로 흑사병처럼 과거에는 매우 치명적이었던 전염병을 치료할 수 있게 되는 등 공중보건과 위생이 향상되었고, 인간의 평균수명은 농경시대와 비교했을 때 2배 이상 증가했습니다.

그러나 과학기술의 발전과 산업화가 긍정적인 영향만 미친 것은 아닙니다. 오늘날 우리는 산업화 이후의 문제들에 직면하고 있습니다. 가장 대표적인 것이 바로 지구온난화와 환경문제입니다. 1만 년 전에 처음 농경이 시작될 수 있었던 조건 가운데 지구온난화가 있었습니다. 지구온난화는 사실 45억 년에 걸친 지구 역사 속에서 반복적으로 나타났습니다. 하지만 오늘날 과학자들은 19세기 후반부터 산업화로 인한 온실가스 배출량이 증가하면서 지구온난화가 더욱 가속화되고 있다고 주장합니다. 또, 지구에 대한 인간의 영향력이 증가하면서 자연환경과 생태계는 더욱 심각하게 위협받게 되었습니다. 극지방의 빙하가 매우 빠른 속도로 녹으면서 해수면은 점차 상승하고 있고 해안가에 위치한 도시들은 물에 잠기기 시작했습니다. 인간뿐만 아니라 수많은 종들이 지구온난화로부터 심각한 영향을 받고 있는 것입니다.

이와 같은 문제들을 통해 우리는, 인간이 수많은 종들이 함께 살고 있는 생존의 터전인 지구 그 자체를 위협하고 있다는 사실을 깨닫게 되었습니다. 1995년 노벨 화학상을 수상한 네덜란드 과학자 파울 크뤼천은 산업화 이후의 시기를 '인류세Anthropocene, 人類世'라고 부릅니다. 인류세는 인간이 주변 환경에 미치는 영향력이 다른 어느 종보다도 커진 시기를 의미하는데, 바로 산업화 이후 오늘날의 모습을 가리키는 말입니다. 지구가 태양으로부터 얻는 에너지의 절반 이상을 인간이라는 단일한 종이 사용하고 있습니다. 산업화 이후 대기, 물, 토양이 급속하게 오염되기 시작했고, 인간이 개발한 원자폭탄과 같은 무기는 인간 및 지구에 살고 있는 모든 종들을 파괴할 수 있을 정도로 강력합니다.

산업화가 시작된 이후 인간 사회에 나타났던 수많은 변화들과 복잡성들이 우주와 생명 그리고 인간의 역사에서 매우 중요한 임계 국면인 것입니다. 산업화 이후 지구 그 자체가 하나의 글로벌 네트워크가 되면서 인간이 수많은 종들의 운명을 결정할 수 있는 강력한 힘을 가지게 되었기 때문입니다. 최초의 생명체가 탄생한 이후 지금까지는 지구의 환경 변화에 따라 수많은 종들이 분화되고 환경 변화에 적응하면서 진화해온 것이라면, 이제는 이와 같은 생명의 나무에 결정적인 영향을 미치는 요소가 바로 인간일지도 모릅니다. 따라서 오늘날 우리는 이렇게 강력한 힘을 어떻게 사용할 것인지 깊이 생각해야 합니다. 우리의 현재, 그리고 우리의 미래와 직접적으로 연결된 문제이기 때문입니다.

11.
인류와 우주의
미래

영원히 죽지 않는 기계의 몸을 얻기 위해 한 소년이 신비로운 여인과 안드로메다로 가는 기차 999호를 탔습니다. 수많은 별들을 지나면서 기차가 정차할 때마다 새로운 세계가 나타났습니다. 그리고 마침내 기계 인간들이 살고 있는 제국에 도착했을 때 소년은 기계 인간 대신 사람으로 남는 것을 선택합니다. 1978년에 제작되어 우리에게도 친숙한 〈은하철도 999〉의 이야기입니다. 이 만화영화에는 오늘날 우리 사회에서 뜨거운 이슈인 인공지능이 등장합니다. 영원한 생명을 가진 기계 인간 말입니다. 이세돌 9단과 알파고의 대결 이후 인공지능이 인간에게 미치는 영향에 대한 관심이 급증하는 가운데 많은 사람들이 인공지능이 인간의 노동을 대체하는 자동화 사회가 도래할 것이라고 생각합니다. 인공지능 덕분에 인간의 삶이 보다 풍요롭고 편해지리라 기대하는 것입니다. 국제적인 자동차회사인 일본 토요타는 2015년에 미국 캘리포니아 주 실리콘밸리에 인공지능 기술을 연구하고 개발하는 '토요타 리서치 인스티튜트TRI'를 설립하면서 "인공지능 기술은 풍요로운 사회를 실현하기 위한 것"이라 표방하기도 했습니다.

과연 인공지능은 인간에게 편리함과 부만 가져다주는 것일까요? 산업혁명이 시작된 지 반세기쯤 지난 1811년, 영국 노팅엄을 비롯한 여러 주들에서 노동운동이 발생했습니다. 당시 영국에서는 방적기와 방직기 등 기계를 이용한 직물공업이 번성하고 있었지만, 동시에 경제적으로는 불황이 심각했습니다. 프랑스를 지배하고 있던 나폴레옹이 유럽을 지배하려 하자 영국이 대프랑스 동맹을 결성해 나폴레옹과 전쟁을 수행하고 있었기 때문입니다. 하지만 당시 많은 노동자들은 경제적 불황을 전쟁보다는 기계의 탓으로 돌렸습니다. 공장에서 생산성을 극대화시키기 위해 사용하는 기계들 때문에 자신들의 임금이 삭감되고, 심지어는 일자리까지 빼앗겼다고 생각한 것입니다. 이렇게 기계 파괴를 주장했던 노동운동이 바로 '러다이트 운동'이었습니다.

당시 영국 의회는 기계를 파괴한 노동자들에게 사형을 선고할 수 있는 법안을 통과시켰습니다. 시인이자 당시 상원의원이었던 조지 고든 바이런은 상원의원으로서의 첫 연설에서 "절대적 빈곤만 아니었다면 이들이 범죄를 저지르지 않았을 것"이라고 역설하면서 법안 통과에 반대했습니다. 그리고 기계 도입 이후 더욱 극심해진 영국 사회의 경제적 불평등에 대해 신랄하게 비판했습니다. 이와 같은 비판은 사실 오늘날에도 여전히 유효합니다. 사람들은 한편으로는 인공지능 개발과 확산이 인간에게 편리함을 가져다줄 것이라며 장밋빛 미래를 꿈꾸지만, 다른 한편으로는 일자리가 줄어들면서 사회·경제적 위협이 심화될 것이라고 걱정합니다.

러다이트 운동에서 보여주는 기계와 인간의 관계, 그리고 오늘날 우리가 직면하고 있는 인공지능과 인간의 관계는 지난 138억 년 동안 우주와 지구에서 발생했던 현상들과 본질적으로 다르지 않습니다. 빅뱅 이후 에너지와 물질이 만들어지면서 우주가 변화하기 시작했고, 별과 원소가 탄생하면서 오늘날 세상에 존재하는 모든 것들이 만들어졌습니다. 빅히스토리에서 살펴보는 138억 년이라는 시간 속에서 이들은 서로에게 영향을 미치면

러다이트 운동

서 함께 살아왔습니다. 다양한 층위에서 오버랩되는 우주, 태양, 지구, 최초의 생명체, 그리고 이후 분화되고 진화했던 수많은 종들과 인류의 공존은 우리의 과거이자 현재이고, 동시에 가까운 미래입니다. 기술과 인간과 자연은 분리되는 것이 아니라 함께 공존해야 하는 것이기 때문입니다.

인류세의 시대에 살고 있는 인간은 오늘날 지구에서 가장 강력한 영향력을 가진 존재입니다. 하지만 인간이 지구에 홀로 살 수는 없습니다. 현재 우리가 먹는 음식이나 사용하는 수많은 상품들은 자급자족할 수 있는 것들이 아닙니다. 인간의 능력만으로 생산할 수 있는 것들도 아닙니다. 따라서 인간이 생존하기 위해서는 공생 및 공존이 무엇보다도 필요합니다. 우선 좁은 층위에서, 서로 다른 피부색을 가졌거나 다른 언어를 사용하거나 다른 종교와 가치를 가지고 있는 사람들이 함께 다양한 시각과 관점에서 논의하고 소통하고 합의할 수 있는 사회적 분위기를 형성해야 합니다. 그리고 보다 넓게는 이런 사회적 분위기 속에서 인간과 지구의 수많은 다른 종들이 함께 공존할 수 있는 물리적 공간을 형성해가야 합니다. 이것이야말로 수십 년 혹은 수백 년 이내에 다가올 우리의 미래를 결정하는 매우 중요한 요소이자 골디락스 조건입니다.

그리스 신화에 등장하는 아이네이아스는 아프로디테 여신의 아들로, 트로이 전쟁에서 활약했던 전쟁 영웅이기도 합니다. 그림에서 아이네이아스는 아버지의 안내로 저승에서 엘리시움을 바라보고 있습니다. 엘리시움은 그리스 신화에서 신들의 총애를 받은 영웅들이 더 이상 죽지 않는 불사의 존재가 되어 들어가는 축복받은 땅을 말합니다. 2013년, 이렇게 '선택받은 사람들의 지상낙원'에 대한 영화가 개봉했습니다. 제목은 〈엘리시움〉이었습니다. 황폐화되어 버려진 지구에 살고 있는 주인공이 1퍼센트의 선택받은 사람들이 살고 있는 엘리시움에 가기 위해 노력하는 모습이 영화 전반에 걸쳐 보여집니다. 마치 영원한 생명을 얻기 위해 여행하는 〈은하철도 999〉의 주인공의 모습과 흡사합니다. 〈엘리시움〉은 기술과 인공지능 덕분에 풍요로워진 지상낙원을 보여주는 동시에 더욱 심화되는 인간 사회의 불평등도 함께 보여주고 있습니다. 가까운 인류의 미래에 단일한 종으로서 인류가 공존할 필요성을 강조하고 있다고 할 수 있습니다.

세바스티아노 콘카, 〈엘리시움을 바라보는 이이네이이스〉

1898년에 출간되어 영화로도 제작되었던 허버트 조지 웰스의 『우주전쟁』은 화성에 살던 생명체가 새로운 무기를 가지고 지구를 침략하는 내용입니다. 지구 이외의 행성에도 생명체가 존재한다는 가정하의 SF소설인데, 최근 많은 사람들이 이런 주장에 관심을 가지고 있습니다. 특히 인류세 이후 지구온난화나 식량문제 등 오늘날 우리가 직면하고 있는 심각한 문제들의 해결책을 논의하는 과정 속에서는 아예 인간이 지구 이외의 곳으로 이주하자는 주장도 등장합니다. 많은 사람들이 상당한 과학적 증거들을 토대로 다른 행성 혹은 우주로 인간이 이주하여 지속적으로 생존할 수 있는 가능성에 대해 모색하고 있습니다.

45억 년 전 처음 지구가 탄생했을 때에는 생명체가 살기에 적합한 행성이 아니었습니다. 이후 환경이 변하면서 물이 등장하고 최초의 생명체가 탄생했고, 그 후로도 오랫동안 환경 변화에 적응하는 과정 속에서 수많은 종들이 나타나고 멸종했습니다. 이러한 점에서 본다면, 오늘날 화성을 비롯한 다른 행성이나 우리 은하 이외의 다른 은하에서 생명체가 살아남을 가능성이 전혀 없다고 단정할 수는 없는 것입니다.

앞으로 수억 년 혹은 수십억 년이 지난 먼 미래, 즉 우주의 미래는 어떨까요? 지난 45억 년 동안 지구에서 나타났던 변화들을 보면, 앞으로 수억 년 이내에 지구의 환경은 오늘날과 매우 다르게 변화할 것입니다. 과거에 그랬던 것처럼 지구의 기온은 계속 변화할 것이고 그에 따라 대륙의 모양이 바뀔지도 모릅니다. 마치 판게아에서 여러 대륙들이 분리되었던 것처럼 말입니다. 지구에 살고 있는 수많은 종들 역시 멸종하고 또 새롭게 탄생할 것입니다. 과학자들에 따르면 앞으로 50억 년 쯤 후 태양은 점점 작아지면서 소멸할 것이라고 합니다. 태양으로부터 생존에 필요한 모든 에너지를 얻고 있는 지구의 모든 종들에게 태양의 소멸은 그야말로 충격일 것입니다. 영화 〈인터스텔라〉처럼 지구를 떠나 생존에 더욱 적합한 행성을 찾아나서는 인류의 여정이 시작될지도 모릅니다. 과연 이와 같은 여정은 성공할 수 있을까요?

138억 년 전의 빅뱅 이후 우주는 계속 팽창해왔습니다. 특히 최근에는 더욱 빠른 속도로 급팽창하고 있습니다. 다양한 과학적 증거들을 토대로 많은 과학자들은 앞으로 우주는 계속 팽창할 것이며 더욱 단순해질 것이라고 생각합니다. 여기에서 우주가 '단순'해진다는 것은 더 이상 복잡한 것이 나타나지 않을 수도 있다는 것을 의미합니다. 별, 원소, 물질, 행성, 은하… 이 모든 것들이 더 이상 만들어지지 않는다면 우주는 과연 어떤 모습이 될까요? 태양을 비롯해 수명을 다한 별들이 더 이상 빛을 내지 않고 새로운 인생을 시작하지 않는다면 우주는 텅 빈 상태가 될지도 모릅니다. 어쩌면 빅뱅이 나타나기 이전의, 138억 년 이전의 상황과 비슷한 상황이 발생할 수도 있습니다.

⸸

지금까지 우리는 '138억 년 + α의 우주'라는 광범위한 퍼즐판 위에서 큰 조각들을 맞추어보았습니다. 물론 빠진 조각들도 많습니다. 하지만 함께 빅히스토리 퍼즐판을 보면서 '138억 년 + α'의 우주와 생명, 그리고 인간이라는 전체적인 형태를 어느 정도 알아볼 수 있게 되었을 것입니다.

그리고 아직 전체적인 모습이 분명하게 보이지 않는 부분들도 있을 것입니다. 바로 미래입니다. 이 부분을 맞출 수 있는 퍼즐 조각들은 아직 우리에게 모두 주어지지 않았습니다. 앞으로 우리가 세상을 어떻게 이해하고 바라보느냐에 따라 서로 다른 퍼즐 조각들이 주어질 것입니다. 그리고 이 퍼즐 조각들을 하나씩 맞춰가면서 우리는 '138억 년 + α'라는 시간과 지구, 태양계,

우주라는 공간 속에서 우주, 생명, 인간이 서로 연결되어 있고 밀접한 상호 관련성을 가지고 있다는 사실을 이해할 수 있습니다. 이와 같은 상호 관련성을 바탕으로 세상 모든 것이 함께 공존하는 미래를 설계하는 것이 바로 세상에서 가장 큰 렌즈, 빅히스토리가 우리에게 알려주려는 바입니다.

후기

    2011년 3월 2일, 미국 캘리포니아 주 롱비치에서 TED콘퍼런스가 열렸습니다. 이 자리에서 전 마이크로소프트 회장 빌 게이츠는 자신이 가장 좋아하는 학문을 소개했습니다. 바로 '빅히스토리'였습니다. 빅히스토리는 우주와 생명, 그리고 인간의 기원 이야기를 '상호 학제 간 시각'에서 이해하고, 그 속에서 나타났던 변화들을 살펴보는 새로운 학문 분야입니다. 빌 게이츠는 빅히스토리의 선구자 데이비드 크리스천과 함께 '빅히스토리 프로젝트Big History Project'를 운영하고 있습니다.

    이 프로젝트의 가장 중요한 목표는 미국과 호주의 9학년, 10학년 학생들에게 빅히스토리를 가르치고, 이를 통해 자연과학과 인문학의 수많은 지식들을 연결시키는 것입니다. 빅히스토리를 통해 학생들은 '우주는 어떻게 시작되었을까?', '지구에 생명체가 존재하는 이유는 무엇일까?', '인간은 어떻게 탄생했을까?' 등의 빅퀘스천에 대한 대답을 하나의 교과목이 아니라 여러 교과목들의 연결 속에서 찾을 수 있다는 사실을 이해할 수 있습니다. 이러한 점에서 빅히스토리는 자연과학과 인문학을 연결하는 가교 역할을 담당하게 됩니다.

자연과학과 인문학의 연결과 융합은 과학기술이 급속하게 발달한 현대사회에서 매우 중요합니다. 과학기술의 발전은 인류가 역사 속에서 직면했던 수많은 어려운 문제들을 해결하는 데 도움을 주었고, 인간의 생활을 더욱 편리하게 만들었습니다. 증기기관을 활용한 기차나 증기선, 그리고 자동차와 비행기는 오늘날 세계를 하나로 연결하고 수많은 사람들의 생활 방식을 변화시키는 데 중요한 역할을 담당했습니다.

하지만 이와 더불어 역사상 전례가 없던 다양한 문제들도 나타났습니다. 화석연료의 사용과 더불어 지구온난화는 과거 어느 시기보다 심각해졌고, 인간은 지구에서 가장 많은 에너지를 사용하는 종으로 부상했습니다. 이에 따라 많은 학자들은 현대사회를 '인류세'라고 부릅니다. 인간이 주변 환경 즉, 지구나 우주에 미치는 영향력이 급증한 시대라는 의미입니다. 이러한 점에서 지금의 시대는 다른 어느 때보다도 인류 전체의 공존 및 인간과 자연환경의 공존에 대해 깊이 생각하고, 이를 토대로 현대사회의 본질을 다양한 시각과 관점에서 올바르게 이해해야 할 필요성이 제기되고 있습니다.

오늘날 우리 인류는 모두 호모 사피엔스의 후손이라는 공통점을 가지고 있습니다. 하지만 인류 역사 속에서 피부색, 민족, 인종 등을 배타적인 기준으로 삼아 자신과 다른 사람들을 차별하거나 심지어는 멸절시키려는 시도가 빈번하게 발생해왔습니다. 대표적인 현상으로 제2차 세계대전 기간 동안 나치가 600만 명의 유대인들을 학살했던 홀로코스트를 들 수 있습니다. 현대사회에서 인간은 하나의 인류로 간주되어야 합니다. 더 이상 인종이나 민족은 차별과 배제의 기준이 될 수 없습니다. 따라서 인류의 역사도 전체 인류의 이야기여야 합니다.

최근 인공지능이 전 세계적으로 사회적 이슈가 되고 있습니다. 인공지능과 같은 과학기술과 인간이 함께 공존할 수 있는 방법을 모색하는 것이 많은 관심을 받고 있습니다. 우주의 시작부터 현재, 그리고 미래까지 다양한 시간·공간적 층위를 큰 틀 속에서 함께 살펴보는 빅히스토리는 바로 이런 현대사회에서 매우 필요한 학문입니다. 빅히스토리야말로 '138억 년+α'의 시간과 공간 속에서 나타났던 수많은 현상들의 상호 관련성을 통해 현대사회의 본질을 살펴볼 수 있는 틀이기 때문입니다.

19세기 이후 나타난 학문의 세분화와 전문화 덕분에 오늘날 사회에는 수많은 지식과 정보들이 존재합니다. 빅히스토리는 이런 수많은 지식과 정보들로 구성된 퍼즐판입니다. 우주의 기원부터 현재, 그리고 미래까지 수많은 시간과 공간을 다루고 있으니 세상에서 가장 큰 퍼즐판이라고 할 수 있습니다. 이 퍼즐판은 우리에게 지금까지 어떤 종류의 지식과 정보를 가지고 있었는지, 그리고 앞으로 어떤 종류의 지식이나 정보가 필요한지 보여줍니다. 이뿐만 아니라 우리가 가지고 있는 지식들이 어떻게 서로 연결되는지 보여주기도 합니다. 빅히스토리는 과학기술의 발전으로 더욱 다양해진 지식과 정보의 세계에서 우리가 새로운 지식을 향유할 수 있도록, 그리고 이를 기존에 알고 있는 지식과 연결시킴으로써 새롭고 다양한 방식으로 인류 사회와 지구, 그리고 우주를 이해할 수 있도록 합니다.

역사학자인 저는 오랫동안 자연과학적 지식과 정보를 외면해왔습니다. '자연과학과 인문학'의 학문적 경계 때문에 제가 연구하는 분야를 넘어 새로운 차원의 지식과 정보를 습득하고 이를 향유하며 더 나아가 세상을 새로운 시각으로 바라보는 데 어려움이 있었습니다. 하지만 빅히스토리를 접하면서 제게는 새로운 세상이 열렸습니다. 자연과학적 지식과 정보를 얻게 되면서 자연스럽게 역사학과 공통점을 찾게 되었고, 이를 통해 기존 지식과 새로운 지식을 연결하기 시작했습니다. 또한 역사학의 분석 대상을 인간뿐만 아니라 생명과 지구, 그리고 우주까지 확대시킬 수 있었고 그 속에서 학문 간 연결고리를 발견함으로써 새로운 융합 지식을 얻게 되었습니다.

어떤 사람들은 '138억 년+α'의 시간과 공간을 분석하는 빅히스토리가 지나치게 많은 지식과 정보를 전달하기 때문에 이를 모두 수용할 수 없다고 이야기하기도 합니다. 물론 제게도 마찬가지입니다. 하지만 세상에서 가장 큰 퍼즐판과 분석의 틀을 통해 지금까지 특정 시기의 역사적 현상만을 해석해온 제가 주변 환경을 둘러보게 되었고, 밤하늘의 별을 올려다보게 되었습니다. 인간을 넘어 생명과 지구와 우주에 관심을 가지기 시작하고, 지금까지 잃어버렸던 절반의 삶을 되찾기 시작한 것입니다. 이러한 점에서 빅히스토리는 자연과학과 인문학의 구분과 경계 때문에 절반의 삶을 살아왔던 수많은 현대인을 풍요롭게 만드는 역할을 할 수 있습니다.

특정 시기의 지역 혹은 국가를 분석했던 평범한 역사학자인 제가 처음 빅히스토리를 시작하게 된 것은 은사님 덕분이었습니다. 지금은 더 이상 이 세상에 계시지 않지만, 빅히스토리를 가르치고 연구할 수 있도록 아낌없는 지원과 격려를 아끼지 않으셨던 故 조지형 선생님께 진심으로 감사를 드립니다. 흔쾌히 추천사를 써준 빅히스토리의 창시자 데이비드 크리스천과 신시아 브라운에게도 무한한 감사를 표합니다. 빅히스토리를 알리고 널리 확산시킬 수 있도록 집필 기회를 주신 동아시아 한성봉 대표님과 꼼꼼하게 교정과 편집을 담당해주신 박연준 편집자님, 그리고 역사학자인 제가 나머지 절반의 삶을 향유하고 즐길 수 있도록 언제나 적극적으로 도와주시는 '조지형 빅히스토리 협동조합'의 모든 선생님들께도 깊이 감사드립니다.

김서형의 빅히스토리

Fe연대기

© 김서형, 2017. Printed in Seoul, Korea

초판 1쇄 찍은날	2017년 5월 22일
초판 1쇄 펴낸날	2017년 5월 31일
지은이	김서형
펴낸이	한성봉
책임편집	박연준
편집	안상준·하명성·이지경·조유나·이동현·박민지
디자인	전혜진
본문디자인	김경주
마케팅	박신용
기획홍보	박연준
경영지원	국지연
펴낸곳	도서출판 동아시아
등록	1998년 3월 5일 제301-2008-043호
주소	서울시 중구 퇴계로 20길 31 [남산동 2가 18-9번지]
페이스북	www.facebook.com/dongasiabooks
전자우편	dongasiabook@naver.com
블로그	blog.naver.com/dongasia1998
트위터	www.twitter.com/dongasiabooks
전화	02) 757-9724, 5
팩스	02) 757-9726

ISBN 978-89-6262-183-9 03900

이 도서의 국립중앙도서관 출판예정도서목록(CIP)은
서지정보유통지원시스템 홈페이지(http://seoji.nl.go.kr)와
국가자료공동목록시스템(http://www.nl.go.kr/kolisnet)에서
이용하실 수 있습니다.(CIP제어번호: CIP2017011829)

※ 잘못된 책은 구입하신 서점에서 바꿔드립니다.